算数力がみるみるアップ！

パワーアップ読み上げ計算ワークシート

1・2年

志水 廣 編著／篠崎 富美子 著

明治図書

はじめに

簡単な計算をすらすらできるようになりますと，授業における問題解決にとって強力な道具となります。高学年になって式を立てることができても計算でつまずく子どもは少なくありません。

子どもに計算力をつけたい方のために，これまで音声計算練習を開発してきました。

音声計算練習とは，計算式をランダムに並べた一覧表を手に持って計算して，答えを声に出していく方法です。まるで本を読んでいるかのように答えを言っていくのです。この様子をもとに「読み上げ計算」と命名しています。

1日，たった1分間で計算力がつく魔法の練習方法です。

「そんなバカな？」と信じられないかもしれませんが，毎日，1分間頑張るだけで計算力がつきます。特に暗算力が伸びます。

音声計算を練習し始めると，子どもが自ら計算に対して能動的に取り組みます。しかも，2人練習が基本ですので，協働性が発揮されます。「能動的」と「協働性」!?　どこかで聞いた言葉ですね。そうです，計算練習のアクティブ・ラーニングなのです。2人が励まし合いながら頑張る様子はとてもほほえましい姿です。この練習をしていきますと，集中力が身に付き，また子どもどうしの関係性が高まります。短い時間で効率よく計算力を伸ばすことができるので，一石三鳥，四鳥の効果をあげることができます。実際，計算力が身に付いたという報告が全国から届いております。これまで以下3冊に教材が掲載されています。

1　2005年に愛知県豊田市立高嶺小学校との編著『算数大好きっ子に育てる』（明治図書），

2　2008年に長野県岡谷市立岡谷小学校との編著『算数科学ぶ喜びを育む学習の創造』（明治図書），

3　2016年に愛知県みよし市立緑丘小学校との編著『2つの「しかけ」でうまくいく！算数授業のアクティブ・ラーニング』（明治図書）です。

ところが，1と2については現在，絶版になっております。練習しようにも教材のワークシートがない状況が続きました。どうしようかと試案していたときに，本著の著者の篠崎富美子先生の「読み上げ計算」のワークシートと出会ったのです。企画してから5年かかりここにようやく完成しました。5年という月日が表すように，そのままの受け売りではなくて，志水なりに教材化を入念に組み立てました。とても時間をかけて作りました。

本書を使ってぜひとも子ども達に計算に関してのアクティブ・ラーニングを進めていただければ幸いです。篠崎先生，ありがとうございました。編集部長の木山麻衣子さんにも辛抱強く待っていただき感謝申し上げます。

平成29年11月吉日

愛知教育大学名誉教授　　志水　廣

本書の使い方

□「読み上げ計算」の練習方法

ステップ❶

1人で計算の式を見て，1分間，答えを声に出していく。

・計算する順番は，一覧表上の計算の式をたての列ごとに○①から⑩→●①から⑩→◎①から⑩の順にしていく。

ステップ❷

次に，2人組のペアで，一方は答える役，もう一方は答えを聞いて確認してあげる役として，1分間ずつ相互に練習する。（親子でやるのも効果的。）

・1分間以内に最後の問題までいっても，またはじめの○の列からやる。とにかく1分間やり続ける。全員が同時に終わる。

※5回くらい練習するとスラスラと言えるようになります。そうなったら下の⑩から⑨⑧⑦…へと逆向きに練習するとよいでしょう。

□ワークシート

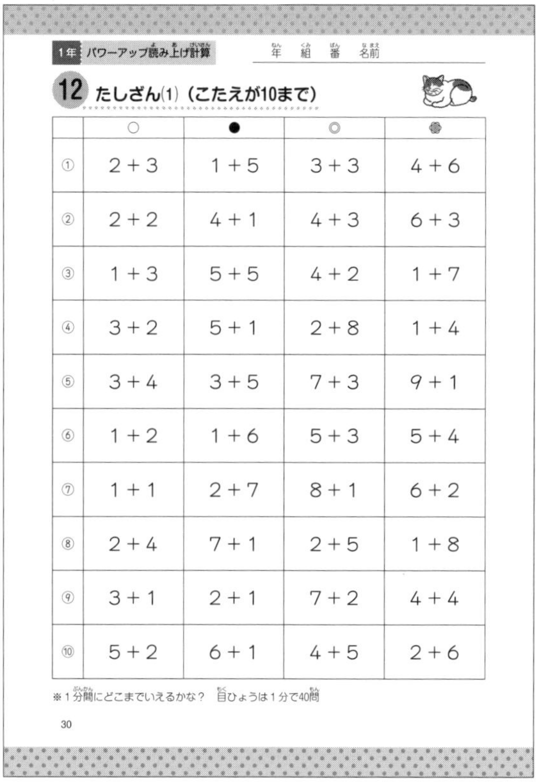

1年 パワーアップ読《よ》み上《あ》げ計算《けいさん》　年《ねん》　組《くみ》　番《ばん》　名前《なまえ》

12 たしざん(1)（こたえが10まで）

	○	●	◎	❁
①	2 + 3	1 + 5	3 + 3	4 + 6
②	2 + 2	4 + 1	4 + 3	6 + 3
③	1 + 3	5 + 5	4 + 2	1 + 7
④	3 + 2	5 + 1	2 + 8	1 + 4
⑤	3 + 4	3 + 5	7 + 3	9 + 1
⑥	1 + 2	1 + 6	5 + 3	5 + 4
⑦	1 + 1	2 + 7	8 + 1	6 + 2
⑧	2 + 4	7 + 1	2 + 5	1 + 8
⑨	3 + 1	2 + 1	7 + 2	4 + 4
⑩	5 + 2	6 + 1	4 + 5	2 + 6

※1分間《ぷんかん》にどこまでいえるかな？　目《もく》ひょうは1分で40問《もん》

30

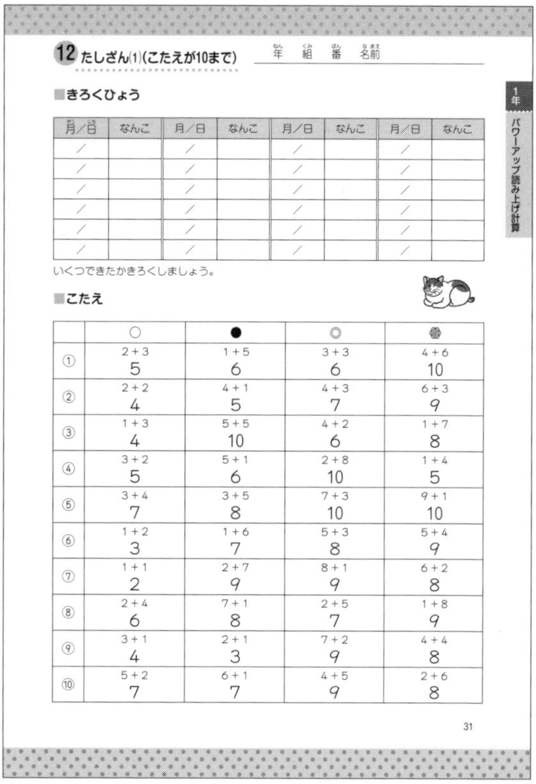

12 たしざん(1)(こたえが10まで)　年《ねん》　組《くみ》　番《ばん》　名前《なまえ》

1年 パワーアップ読み上げ計算

■きろくひょう

月／日	なんこ	月／日	なんこ	月／日	なんこ	月／日	なんこ
／		／		／		／	
／		／		／		／	
／		／		／		／	
／		／		／		／	
／		／		／		／	
／		／		／		／	

いくつできたかきろくしましょう。

■こたえ

	○	●	◎	❁
①	2 + 3 5	1 + 5 6	3 + 3 6	4 + 6 10
②	2 + 2 4	4 + 1 5	4 + 3 7	6 + 3 9
③	1 + 3 4	5 + 5 10	4 + 2 6	1 + 7 8
④	3 + 2 5	5 + 1 6	2 + 8 10	1 + 4 5
⑤	3 + 4 7	3 + 5 8	7 + 3 10	9 + 1 10
⑥	1 + 2 3	1 + 6 7	5 + 3 8	5 + 4 9
⑦	1 + 1 2	2 + 7 9	8 + 1 9	6 + 2 8
⑧	2 + 4 6	7 + 1 8	2 + 5 7	1 + 8 9
⑨	3 + 1 4	2 + 1 3	7 + 2 9	4 + 4 8
⑩	5 + 2 7	6 + 1 7	4 + 5 9	2 + 6 8

31

□読み上げ計算のよさ

読み上げ計算のよさについて述べよう。

❶　１分間で計算するだけだから，集中する。読み上げ計算全体でも５分間で終わることができる。

❷　ペア練習では，答え合わせはその場その場でしているので，後で答え合わせの時間をとる必要がない。百マス計算とはこの点が大きく異なる。また，その場で答え合わせというのは，間違いを自覚しすぐに訂正できる。

❸　視暗算の力が伸びる。

❹　ペア学習なので，子ども相互に仲良くなる。

❺　人との競争ではなくて，個人の伸びを自覚できる。

❻　印刷するプリントは１回で済む。百マス計算はやるたびに印刷しなくてはならない。つまり，音声計算は省エネルギーである。

まとめると，短時間で簡単にでき，しかも効果があるというのが音声計算の特徴である。このことは，ユニバーサルデザインのわかりやすさに共通している事柄である。

□練習するときの留意点

ただし，簡単な方法とはいえ，次の留意点は守ってほしい。

❶　計算の仕方がきちんと理解してできるようになってからこの音声計算に取り組むことである。計算の仕方の理解が曖昧なときは，つまずきやすいので，練習すればするほど，つまずきが定着してしまう。

❷　問題の分量は，基本的にはワークシートの分量である。子どもの困難度によって減らしたり増やしたりすることである。

❸　最低，５回は練習させたい。記録をつけて伸びを自覚させたい。

❹　同じ計算シートをしていると飽きてくることがある。そのときには，別のシートに変更するか，またはしばらく中止するとよい。

❺　できなかった問題には印はつけておきたい。それらの問題を集中的に練習するとよい。

＊本書の教材ワークシートの数はかなり多い。全てやりたいのであるが，限られた教育課程の時間数では，選択してやってほしい。少なくともやってほしいのは，たし算，ひき算，かけ算，わり算の基本的なタイプである。これらは念入りに練習させたい。その他については，少ない回数でもよしとする。無理矢理やらせることは避けてほしい。せっかくアクティブ・ラーニングなのに，嫌いな方向へもっていったら何にもならない。あくまでも子どもの関心・意欲を大事に育てていきたい。

（志水　廣）

Contents

1年　パワーアップ読み上げ計算

2年　パワーアップ読み上げ計算

年《ねん》　組《くみ》　番《ばん》　名前《なまえ》

1 ●のかずを　いいましょう

はじめは○の　とおりだけ　くりかえしましょう。1分《ぶん》でなんこいえるかな。

	○	●	◎	❁
①	●●●	●●●●● ●●	●●●	●●●●● ●●
②	●	●●●●● ●●●●	●●●●	●●
③	●●	●●●●● ●●●	●●●●●	●●●●● ●
④	●●●●	●●●●● ●	●	●●●●● ●●●●●
⑤	●●●●●	●●●●● ●●●●●	●●	●
⑥	●●●●	●●●●● ●●	●●●●● ●●●●●	●●●●● ●●●●
⑦	●●	●●●●● ●●●	●●●●● ●	●●●●● ●●●
⑧	●●●	●●●●● ●●●●	●●●●● ●●●	●●●●●
⑨	●●●●	●●●●● ●	●●●●● ●●	●●●●
⑩	●●●●●	●●●●● ●●●●●	●●●●● ●●●●	●●●

1 ●のかずを　いいましょう

年《ねん》　組《くみ》　番《ばん》　名前《なまえ》

きろくひょう

月《がつ》／日《にち》	なんこ	月／日	なんこ	月／日	なんこ	月／日	なんこ
／		／		／		／	
／		／		／		／	
／		／		／		／	
／		／		／		／	
／		／		／		／	
／		／		／		／	

いくつできたか　きろくしましょう。

こたえ

	○	●	◎	✿
①	●●● 3	●●●●●●● 7	●●● 3	●●●●●●● 7
②	● 1	●●●●●●●●● 9	●●●● 4	●● 2
③	●● 2	●●●●●●●● 8	●●●●● 5	●●●●●● 6
④	●●●● 4	●●●●●● 6	● 1	●●●●●●●●●● 10
⑤	●●●●● 5	●●●●●●●●●● 10	●● 2	● 1
⑥	●●●● 4	●●●●●●● 7	●●●●●●●●●● 10	●●●●●●●●● 9
⑦	●● 2	●●●●●●●● 8	●●●●●● 6	●●●●●●●● 8
⑧	●●● 3	●●●●●●●●● 9	●●●●●●●● 8	●●●●● 5
⑨	●●●● 4	●●●●●● 6	●●●●●●● 7	●●●● 4
⑩	●●●●● 5	●●●●●●●●●● 10	●●●●●●●●● 9	●●● 3

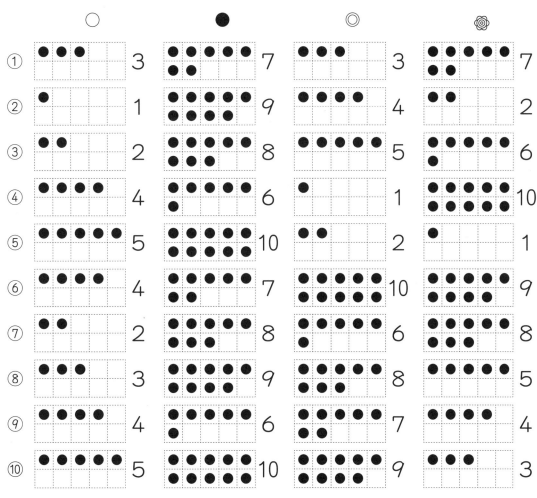

年《ねん》　組《くみ》　番《ばん》　名前《なまえ》

2 かずの　読《よ》み上《あ》げ

 は5です。  は1です。

1分《ぷん》でいえたら　ごうかく！　2回《かい》いえたら　はかせだよ。

○　◎　✿

① 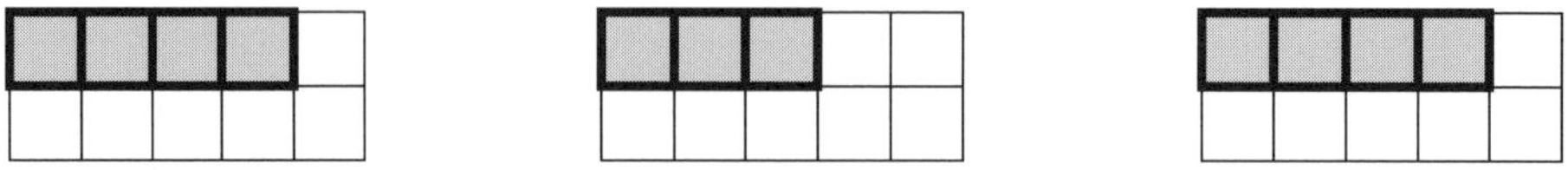

② 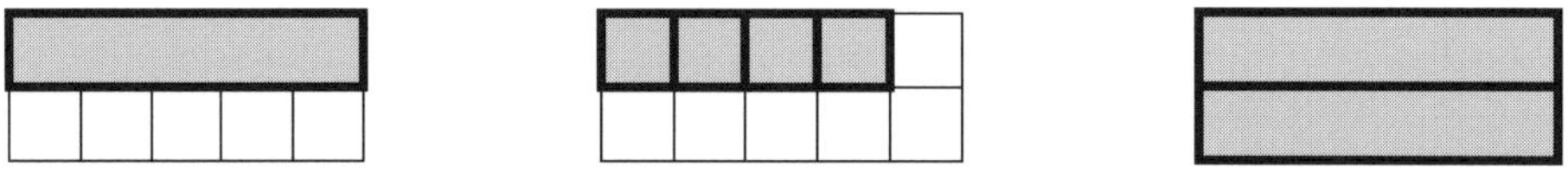

③ 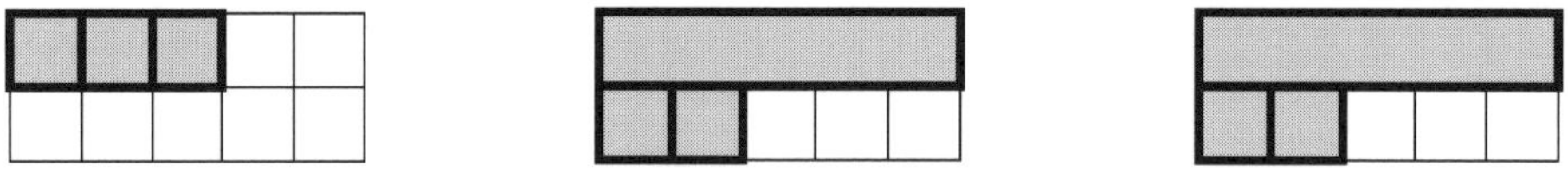

④ 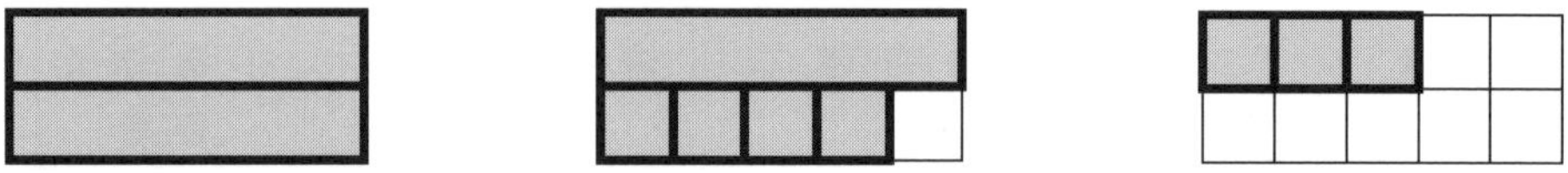

⑤ 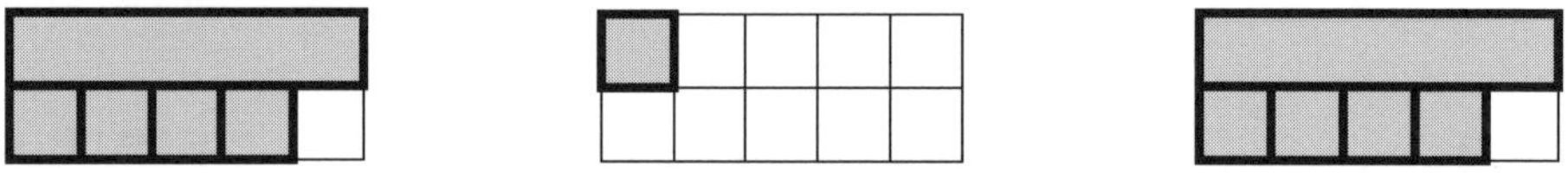

⑥ 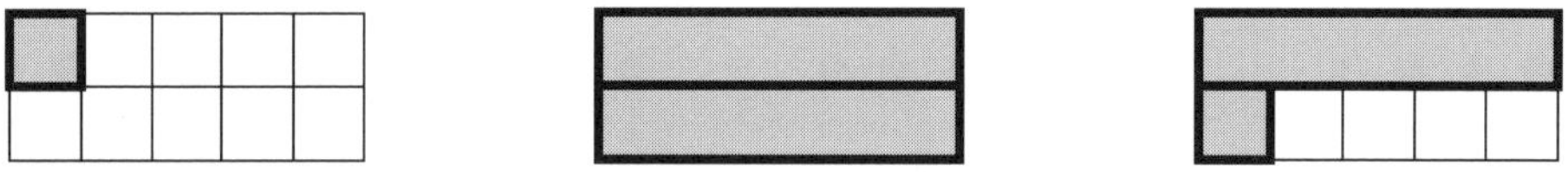

⑦ 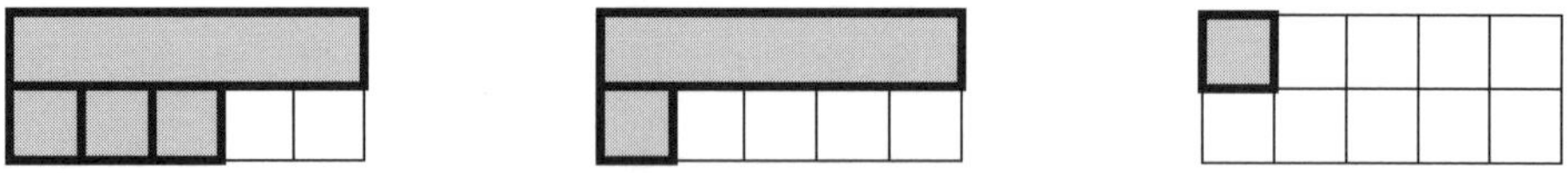

⑧ 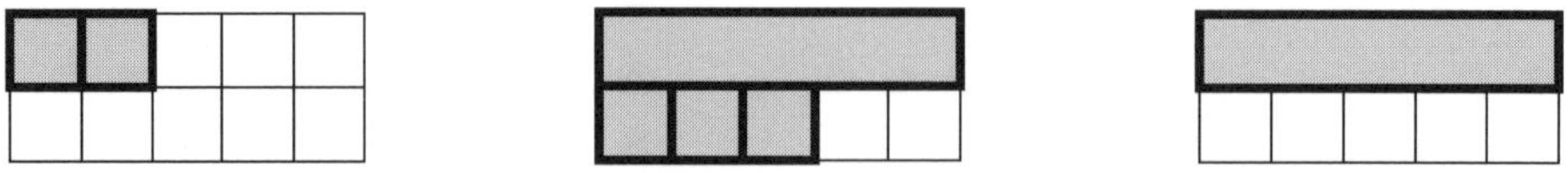

⑨ 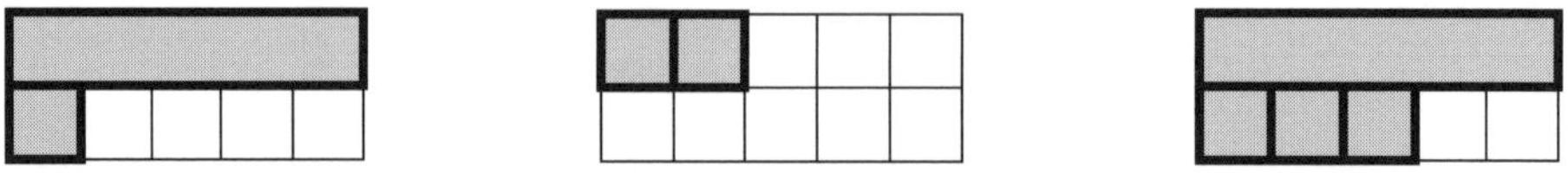

⑩ 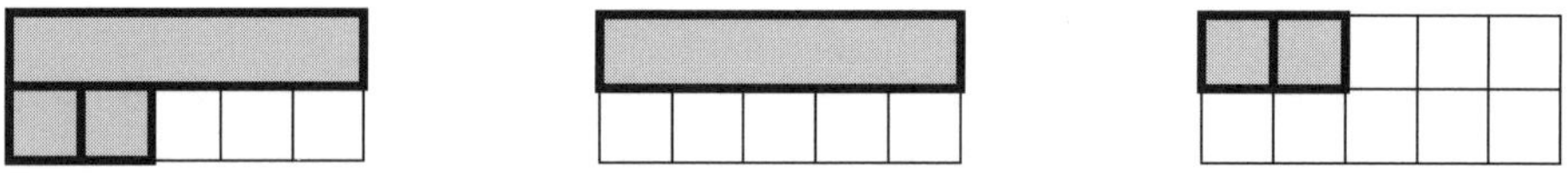

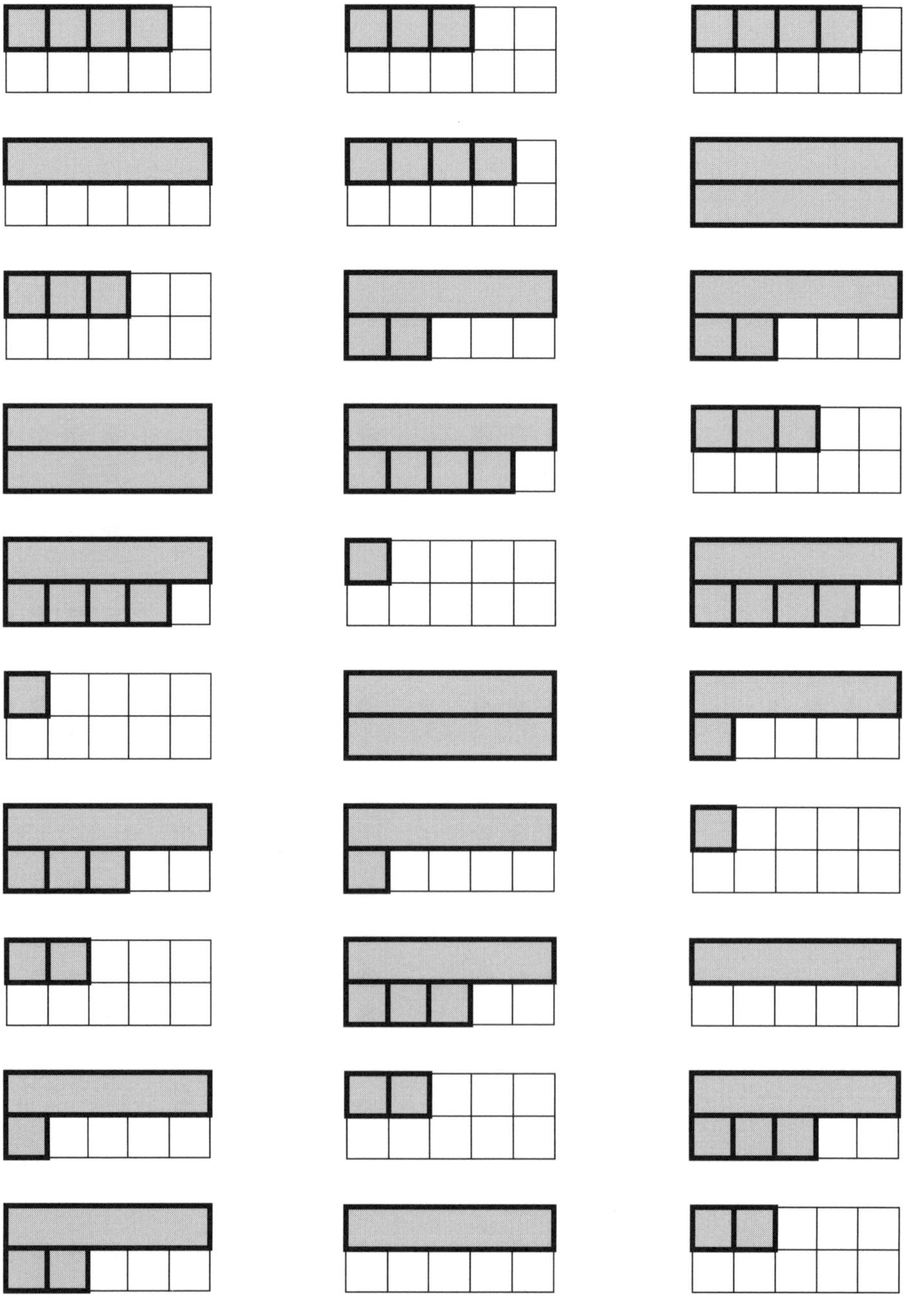

2 かずの 読《よ》み上《あ》げ

年《ねん》　組《くみ》　番《ばん》　名前《なまえ》

きろくひょう

月《がつ》／日《にち》	なんこ	月／日	なんこ	月／日	なんこ	月／日	なんこ
／		／		／		／	
／		／		／		／	
／		／		／		／	
／		／		／		／	
／		／		／		／	
／		／		／		／	

いくつできたか　きろくしましょう。

こたえ

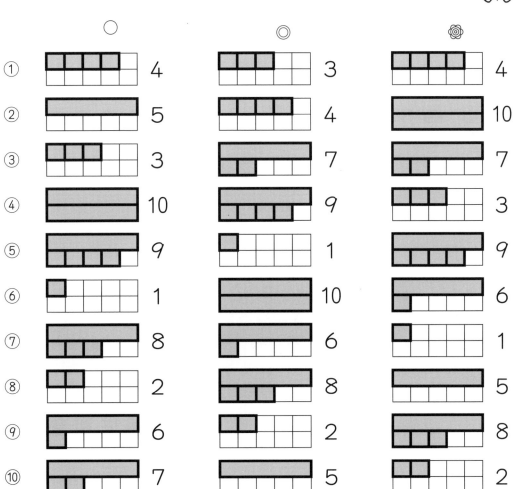

	○	◎	✿
①	4	3	4
②	5	4	10
③	3	7	7
④	10	9	3
⑤	9	1	9
⑥	1	10	6
⑦	8	6	1
⑧	2	8	5
⑨	6	2	8
⑩	7	5	2

年《ねん》　組《くみ》　番《ばん》　名前《なまえ》

3 ●は，ひだりからみぎから，なんこ，なんばんめ

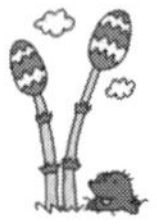

	◎		✿
①	ひだり ●●●○○○○ ひだりから（　　　）	⑧	○○○○●○○ みぎ みぎから（　　　）
②	ひだり ●●●●○○○ ひだりから（　　　）	⑨	○○●○○○○ みぎ みぎから（　　　）
③	ひだり ○○●○○○○ ひだりから（　　　）	⑩	○○○○●●● みぎ みぎから（　　　）
④	ひだり ○●○○○○○ ひだりから（　　　）	⑪	○○○●●●● みぎ みぎから（　　　）
⑤	ひだり ●●●●●○○ ひだりから（　　　）	⑫	○●○○○○○ みぎ みぎから（　　　）
⑥	ひだり ●●○○○○○ ひだりから（　　　）	⑬	○○○●○○○ みぎ みぎから（　　　）
⑦	ひだり ○○○●○○○ ひだりから（　　　）	⑭	○●●●●●● みぎ みぎから（　　　）

3 ●は，ひだりからみぎから，なんこ，なんばんめ

年《ねん》　組《くみ》　番《ばん》　名前《なまえ》

きろくひょう

月《がつ》／日《にち》	なんこ	月／日	なんこ	月／日	なんこ	月／日	なんこ
／		／		／		／	
／		／		／		／	
／		／		／		／	
／		／		／		／	
／		／		／		／	
／		／		／		／	

いくつできたか　きろくしましょう。

こたえ

	◎		❀
①	ひだり ●●●○○○○ ひだりから３こ	⑧	○○○○●○○ みぎ みぎから３ばんめ
②	ひだり ●●●●○○○ ひだりから４こ	⑨	○○●○○○○ みぎ みぎから５ばんめ
③	ひだり ○○●○○○○ ひだりから３ばんめ	⑩	○○○○●●● みぎ みぎから３こ
④	ひだり ○●○○○○○ ひだりから２ばんめ	⑪	○○○●●●● みぎ みぎから４こ
⑤	ひだり ●●●●●○○ ひだりから５こ	⑫	○●○○○○○ みぎ みぎから６ばんめ
⑥	ひだり ●●○○○○○ ひだりから２こ	⑬	○○○●○○○ みぎ みぎから４ばんめ
⑦	ひだり ○○○●○○○ ひだりから４ばんめ	⑭	○●●●●●● みぎ みぎから６こ

1年 パワーアップ読《よ》み上《あ》げ計算《けいさん》

年《ねん》　組《くみ》　番《ばん》　名前《なまえ》

4 いくつでしょう　5までのかず

	○	●	◎	❀
①	■■■	○○	▲▲	♥♥♥♥
②	■■	○○○○	▲	♥♥♥
③	■	○	▲▲▲	♥♥♥♥♥
④	■■■	○○○	▲▲	♥♥
⑤	■■■■	○○	▲▲▲▲▲	★
⑥	■	○○○○	▲▲▲	★★★★
⑦	■■■	○○○○○	▲▲▲▲	★★★
⑧	■	○	▲▲▲	★★

※1分間《ぷんかん》にどこまでいえるかな？　目《もく》ひょうは1分で32問《もん》

4 いくつでしょう　5までのかず

年《ねん》　組《くみ》　番《ばん》　名前《なまえ》

こたえ

	○	●	◎	❀
①	■■■ 3	○○ 2	▲▲ 2	♥♥♥♥ 4
②	■■ 2	○○○○ 4	▲ 1	♥♥♥ 3
③	■ 1	○ 1	▲▲▲ 3	♥♥♥♥♥ 5
④	■■■ 3	○○○ 3	▲▲ 2	♥♥ 2
⑤	■■■■ 4	○○ 2	▲▲▲▲▲ 5	★ 1
⑥	■ 1	○○○○ 4	▲▲▲ 3	★★★★ 4
⑦	■■■ 3	○○○○○ 5	▲▲▲▲ 4	★★★ 3
⑧	■ 1	○ 1	▲▲▲ 3	★★ 2

きろくひょう

月《がつ》／日《にち》	なんこ	月／日	なんこ
／		／	
／		／	
／		／	
／		／	
／		／	
／		／	
／		／	
／		／	
／		／	
／		／	
／		／	
／		／	
／		／	
／		／	
／		／	
／		／	

いくつできたか　きろくしましょう。

年《ねん》　組《くみ》　番《ばん》　名前《なまえ》

5 いくつといくつ　6まで

「□《いくつ》と□《いくつ》で□《いくつ》」といいましょう。

	○	●	◎
①	■■ と ■■ で	○○ と ○ で	▲▲ と ▲▲▲ で
②	■■ と ■ で	○○○ と ○ で	▲ と ▲▲ で
③	■ と ■■■ で	○ と ○○○○ で	▲▲▲▲▲ と ▲ で
④	■■■ と ■■ で	○○○○○ と ○○ で	▲▲ と ▲▲ で
⑤	■■■■ と ■ で	○○ と ○○ で	▲ と ▲▲▲ で
⑥	■ と ■■ で	○○○○ と ○ で	▲▲▲▲ と ▲▲ で
⑦	■■■ と ■■■ で	○ と ○ で	▲▲▲▲ と ▲ で
⑧	■ と ■■■■ で	○ と ○○○○○ で	▲▲ と ▲▲▲▲ で

※１分間《ぶんかん》にどこまでいえるかな？　目《もく》ひょうは１分で24問《もん》

5 いくつといくつ　6まで

年《ねん》　組《くみ》　番《ばん》　名前《なまえ》

こたえ

	○	●	◎
①	■■ と ■■ 2と2で　4	○○ と ○ 2と1で　3	▲▲ と ▲▲▲ 2と3で　5
②	■■ と ■ 2と1で　3	○○○ と ○ 3と1で　4	▲ と ▲▲ 1と2で　3
③	■ と ■■■ 1と3で　4	○ と ○○○○ 1と4で　5	▲▲▲▲▲ と ▲ 5と1で　6
④	■■■ と ■■ 3と2で　5	○○○○○ と ○○ 5と2で　7	▲▲ と ▲▲ 2と2で　4
⑤	■■■■ と ■ 4と1で　5	○○ と ○○ 2と2で　4	▲ と ▲▲▲ 1と3で　4
⑥	■ と ■■ 1と2で　3	○○○○ と ○ 4と1で　5	▲▲▲▲ と ▲▲ 4と2で　6
⑦	■■■ と ■■■ 3と3で　6	○ と ○ 1と1で　2	▲▲▲▲ と ▲ 4と1で　5
⑧	■ と ■■■■ 1と4で　5	○ と ○○○○○ 1と5で　6	▲▲ と ▲▲▲▲ 2と4で　6

きろくひょう

月《がつ》／日《にち》	なんこ	月／日	なんこ
／		／	
／		／	
／		／	
／		／	
／		／	
／		／	
／		／	
／		／	
／		／	
／		／	
／		／	
／		／	
／		／	
／		／	
／		／	
／		／	

いくつできたか　きろくしましょう。

年《ねん》　組《くみ》　番《ばん》　名前《なまえ》

6 なにと□《いくつ》で

「□《いくつ》と□《いくつ》で□《いくつ》」といいましょう。

	○	●	◎
れい	●●●と○○で　5 3《さん》　と　2《に》　で　5《ご》	●●と○○○で　5 2《に》　と　3《さん》　で　5《ご》	3と□で5 3と2で5
①	●●と○○○で　5	●●●●と○で	1と□で5
②	●と○○○○で　5	●●●と○○で	1と□で3
③	●●●●と○で　5	●と○○○○で	2と□で5
④	●●●と○で　4	●●と○○で	3と□で4
⑤	●と○○○で　4	●●●と○で	1と□で4
⑥	●●と○○で　4	●と○○○で	2と□で3
⑦	●と○○で　3	●●と○で	1と□で2
⑧	●と○で　2	●と○○で	4と□で5
⑨	●●と○で　3	●と○で	2と□で4

※1分間《ぶんかん》にどこまでいえるかな？

6 なにと□《いくつ》で

年《ねん》　組《くみ》　番《ばん》　名前《なまえ》

きろくひょう

月《がつ》／日《にち》	なんこ	月／日	なんこ	月／日	なんこ	月／日	なんこ
／		／		／		／	
／		／		／		／	
／		／		／		／	
／		／		／		／	
／		／		／		／	
／		／		／		／	

いくつできたか　きろくしましょう。

こたえ

	○	●	◎
①	●●と○○○で5 2と3で5	●●●●と○で5 4と1で5	1と□で5 1と4で　5
②	●と○○○○で5 1と4で5	●●●と○○で5 3と2で5	1と□で3 1と2で　3
③	●●●●と○で5 4と1で5	●と○○○○で5 1と4で5	2と□で5 2と3で　5
④	●●●と○で4 3と1で4	●●と○○で4 2と2で4	3と□で4 3と1で　4
⑤	●と○○○で4 1と3で4	●●●と○で4 3と1で4	1と□で4 1と3で　4
⑥	●●と○○で4 2と2で4	●と○○○で4 1と3で4	2と□で3 2と1で　3
⑦	●と○○で3 1と2で3	●●と○で3 2と1で3	1と□で2 1と1で　2
⑧	●と○で2 1と1で2	●と○○で3 1と2で3	4と□で5 4と1で　5
⑨	●●と○で3 2と1で3	●と○で2 1と1で2	2と□で4 2と2で　4

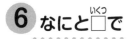

年《ねん》　組《くみ》　番《ばん》　名前《なまえ》

7 ○は△といくつ　9まで

※かいてあるとおりに，ぜんぶよみましょう。

	○	●	◎
①	5は4と□にわかれます	7は1と□にわかれます	8は1と□
②	5は2と□にわかれます	7は5と□にわかれます	8は7と□
③	5は3と□にわかれます	7は2と□にわかれます	8は2と□
④	3は1と□にわかれます	7は4と□にわかれます	8は6と□
⑤	3は2と□	7は3と□	9は4と□
⑥	4は2と□	8は5と□	9は5と□
⑦	4は3と□	8は3と□	9は2と□
⑧	4は1と□	8は4と□	9は3と□

※1分間《ぶんかん》にどこまでいえるかな？

年《ねん》　組《くみ》　番《ばん》　名前《なまえ》

7 ○は△といくつ　9まで

こたえ

	○	●	◎
①	5は4と□ 1	7は1と□ 6	8は1と□ 7
②	5は2と□ 3	7は5と□ 2	8は7と□ 1
③	5は3と□ 2	7は2と□ 5	8は2と□ 6
④	3は1と□ 2	7は4と□ 3	8は6と□ 2
⑤	3は2と□ 1	7は3と□ 4	9は4と□ 5
⑥	4は2と□ 2	8は5と□ 3	9は5と□ 4
⑦	4は3と□ 1	8は3と□ 5	9は2と□ 7
⑧	4は1と□ 3	8は4と□ 4	9は3と□ 6

きろくひょう

月《がつ》／日《にち》	なんこ	月／日	なんこ
／		／	
／		／	
／		／	
／		／	
／		／	
／		／	
／		／	
／		／	
／		／	
／		／	
／		／	
／		／	
／		／	
／		／	
／		／	
／		／	

いくつできたか　きろくしましょう。

年《ねん》　組《くみ》　番《ばん》　名前《なまえ》

8　5といくつ　6といくつ

□《いくつ》と□《いくつ》で□《いくつ》といいましょう。

[　　]のなかには，いつも5がはいっています。

	○	●	◎
①	[■■■■■]5 と ■■■ で □	[●●●●●]●6 と ● で □	[■■■■■]■ と 2 で □
②	[■■■■■]5 と ■ で □	[●●●●●]●6 と ●● で □	[■■■■■]■ と 1 で □
③	[■■■■■] と ■■ で □	[●●●●●]● と ●●● で □	[■■■■■] と 2 で □
④	[■■■■■] と ■■■■ で □	[●●●●●]● と ● で □	[■■■■■]■ と 3 で □
⑤	[■■■■■] と ■■ で □	[●●●●●]● と ●●● で □	[■■■■■]■ と 4 で □
⑥	[■■■■■] と ■■■ で □	[●●●●●]● と ●●●● で □	[■■■■■] と 3 で □
⑦	[■■■■■] と 4 で □	[●●●●●]● と ●● で □	[■■■■■] と 5 で □
⑧	[■■■■■] と 5 で □	[●●●●●]● と ● で □	[■■■■■]■ と 4 で □
⑨	[■■■■■] と 1 で □	[●●●●●]● と ●●● で □	[■■■■■] と 4 で □
⑩	[■■■■■] と 3 で □	[●●●●●]● と ●●●● で □	[■■■■■]■ と 1 で □

※1分間《ぶんかん》にどこまでいえるかな？　目《もく》ひょうは1分で30問《もん》

年《ねん》　組《くみ》　番《ばん》　名前《なまえ》

8 5といくつ　6といくつ

こたえ

	○	●	◎
①	5と3で 8	6と1で 7	6と2で 8
②	5と1で 6	6と2で 8	6と1で 7
③	5と2で 7	6と3で 9	5と2で 7
④	5と4で 9	6と1で 7	6と3で 9
⑤	5と2で 7	6と3で 9	6と4で 10
⑥	5と3で 8	6と4で 10	5と3で 8
⑦	5と4で 9	6と2で 8	5と5で 10
⑧	5と5で 10	6と1で 7	6と4で 10
⑨	5と1で 6	6と3で 9	5と4で 9
⑩	5と3で 8	6と4で 10	6と1で 7

きろくひょう

月《がつ》／日《にち》	なんこ	月／日	なんこ
／		／	
／		／	
／		／	
／		／	
／		／	
／		／	
／		／	
／		／	
／		／	
／		／	
／		／	
／		／	
／		／	
／		／	
／		／	
／		／	

いくつできたか　きろくしましょう。

年《ねん》　組《くみ》　番《ばん》　名前《なまえ》

9 なにと□《いくつ》で10　10をつくる

□《いくつ》と□《いくつ》で10といいましょう。

	○	●	◎
①	3と□で10	4と□で10	3と□で10
②	5と□で10	9と□で10	9と□で10
③	1と□で10	8と□で10	6と□で10
④	2と□で10	3と□で10	8と□で10
⑤	7と□で10	5と□で10	1と□で10
⑥	4と□で10	1と□で10	7と□で10
⑦	6と□で10	7と□で10	5と□で10
⑧	9と□で10	8と□で10	2と□で10
⑨	8と□で10	2と□で10	4と□で10
⑩	1と□で10	4と□で10	6と□で10

※1分間《ぷんかん》にどこまでいえるかな？　目《もく》ひょうは1分で30問《もん》

9 なにと□《いくつ》で10　10をつくる

年《ねん》　組《くみ》　番《ばん》　名前《なまえ》

きろくひょう

月《がつ》／日《にち》	なんこ	月／日	なんこ	月／日	なんこ	月／日	なんこ
／		／		／		／	
／		／		／		／	
／		／		／		／	
／		／		／		／	
／		／		／		／	
／		／		／		／	

いくつできたか　きろくしましょう。

こたえ

	○	●	◎
①	3と□で10 7	4と□で10 6	3と□で10 7
②	5と□で10 5	9と□で10 1	9と□で10 1
③	1と□で10 9	8と□で10 2	6と□で10 4
④	2と□で10 8	3と□で10 7	8と□で10 2
⑤	7と□で10 3	5と□で10 5	1と□で10 9
⑥	4と□で10 6	1と□で10 9	7と□で10 3
⑦	6と□で10 4	7と□で10 3	5と□で10 5
⑧	9と□で10 1	8と□で10 2	2と□で10 8
⑨	8と□で10 2	2と□で10 8	4と□で10 6
⑩	1と□で10 9	4と□で10 6	6と□で10 4

年《ねん》　組《くみ》　番《ばん》　名前《なまえ》

10 10は　いくつと□《いくつ》

	○	●	◎
①	10は５と□にわかれます	10は６と□にわかれます	10は２と□にわかれます
②	10は１と□にわかれます	10は２と□にわかれます	10は９と□にわかれます
③	10は３と□にわかれます	10は４と□にわかれます	10は３と□にわかれます
④	10は６と□にわかれます	10は７と□にわかれます	10は６と□にわかれます
⑤	10は８と□にわかれます	10は９と□にわかれます	10は７と□にわかれます
⑥	10は４と□にわかれます	10は８と□にわかれます	10は４と□にわかれます
⑦	10は９と□にわかれます	10は５と□にわかれます	10は１と□にわかれます
⑧	10は２と□にわかれます	10は３と□にわかれます	10は８と□にわかれます

※１分間《ぷんかん》にどこまでいえるかな？

10 10は　いくつと□《いくつ》

年《ねん》　組《くみ》　番《ばん》　名前《なまえ》

こたえ

	○	●	◎
①	10は５と□ 5	10は６と□ 4	10は２と□ 8
②	10は１と□ 9	10は２と□ 8	10は９と□ 1
③	10は３と□ 7	10は４と□ 6	10は３と□ 7
④	10は６と□ 4	10は７と□ 3	10は６と□ 4
⑤	10は８と□ 2	10は９と□ 1	10は７と□ 3
⑥	10は４と□ 6	10は８と□ 2	10は４と□ 6
⑦	10は９と□ 1	10は５と□ 5	10は１と□ 9
⑧	10は２と□ 8	10は３と□ 7	10は８と□ 2

きろくひょう

月《がつ》／日《にち》	なんこ	月／日	なんこ
／		／	
／		／	
／		／	
／		／	
／		／	
／		／	
／		／	
／		／	
／		／	
／		／	
／		／	
／		／	
／		／	
／		／	
／		／	
／		／	

いくつできたか　きろくしましょう。

年《ねん》　組《くみ》　番《ばん》　名前《なまえ》

11 10といくつ

※かいてあるとおりに，ぜんぶいいましょう。

	○	●	◎
①	10と４で□になります	10と８で□	10と５で□
②	10と５で□	10と２で□	10と10で□
③	10と１で□	10と３で□	７と10で□
④	10と７で□	10と９で□	６と10で□
⑤	18は10と□にわかれます	12は10と□	14は□と10
⑥	14は10と□	17は10と□	18は□と10
⑦	16は10と□	15は10と□	16は□と６
⑧	11は10と□	13は10と□	20は□と10

※１分間《ぶんかん》にどこまでいえるかな？

11 10といくつ

年《ねん》　組《くみ》　番《ばん》　名前《なまえ》

こたえ

	○	●	◎
①	10と４で□ 14	10と８で□ 18	10と５で□ 15
②	10と５で□ 15	10と２で□ 12	10と10で□ 20
③	10と１で□ 11	10と３で□ 13	７と10で□ 17
④	10と７で□ 17	10と９で□ 19	６と10で□ 16
⑤	18は10と□ 8	12は10と□ 2	14は□と10 4
⑥	14は10と□ 4	17は10と□ 7	18は□と10 8
⑦	16は10と□ 6	15は10と□ 5	16は□と６ 10
⑧	11は10と□ 1	13は10と□ 3	20は□と10 10

きろくひょう

月《がつ》／日《にち》	なんこ	月／日	なんこ
／		／	
／		／	
／		／	
／		／	
／		／	
／		／	
／		／	
／		／	
／		／	
／		／	
／		／	
／		／	
／		／	
／		／	
／		／	
／		／	

いくつできたか　きろくしましょう。

年《ねん》　組《くみ》　番《ばん》　名前《なまえ》

12 たし算《ざん》(1)（こたえが10まで）

	○	●	◎	❁
①	2＋3	1＋5	3＋3	4＋6
②	2＋2	4＋1	4＋3	6＋3
③	1＋3	5＋5	4＋2	1＋7
④	3＋2	5＋1	2＋8	1＋4
⑤	3＋4	3＋5	7＋3	9＋1
⑥	1＋2	1＋6	5＋3	5＋4
⑦	1＋1	2＋7	8＋1	6＋2
⑧	2＋4	7＋1	2＋5	1＋8
⑨	3＋1	2＋1	7＋2	4＋4
⑩	5＋2	6＋1	4＋5	2＋6

※1分間《ぷんかん》にどこまでいえるかな？　目《もく》ひょうは1分で40問《もん》

12 たし算《ざん》(1)(こたえが10まで)

年《ねん》　組《くみ》　番《ばん》　名前《なまえ》

きろくひょう

月《がつ》／日《にち》	なんこ	月／日	なんこ	月／日	なんこ	月／日	なんこ
／		／		／		／	
／		／		／		／	
／		／		／		／	
／		／		／		／	
／		／		／		／	
／		／		／		／	

いくつできたか　きろくしましょう。

こたえ

	○	●	◎	❀
①	2＋3 5	1＋5 6	3＋3 6	4＋6 10
②	2＋2 4	4＋1 5	4＋3 7	6＋3 9
③	1＋3 4	5＋5 10	4＋2 6	1＋7 8
④	3＋2 5	5＋1 6	2＋8 10	1＋4 5
⑤	3＋4 7	3＋5 8	7＋3 10	9＋1 10
⑥	1＋2 3	1＋6 7	5＋3 8	5＋4 9
⑦	1＋1 2	2＋7 9	8＋1 9	6＋2 8
⑧	2＋4 6	7＋1 8	2＋5 7	1＋8 9
⑨	3＋1 4	2＋1 3	7＋2 9	4＋4 8
⑩	5＋2 7	6＋1 7	4＋5 9	2＋6 8

年《ねん》　組《くみ》　番《ばん》　名前《なまえ》

13 ひき算《ざん》(1)①（こたえが9まで）

	○	●	◎	❁
①	5－4	7－4	8－2	4－3
②	5－2	7－6	8－3	3－1
③	5－3	7－5	9－4	4－2
④	5－1	7－1	9－6	10－7
⑤	6－2	7－3	9－2	10－5
⑥	6－4	8－1	9－1	10－2
⑦	6－5	8－4	9－3	10－3
⑧	6－3	8－5	9－5	10－1
⑨	6－1	8－7	9－8	10－8
⑩	7－2	8－6	9－7	10－6

※1分間《ぷんかん》にどこまでいえるかな？　目《もく》ひょうは1分で40問《もん》

13 ひき算《ざん》(1)①(こたえが9まで)

年《ねん》　組《くみ》　番《ばん》　名前《なまえ》

きろくひょう

月《がつ》／日《にち》	なんこ	月／日	なんこ	月／日	なんこ	月／日	なんこ
／		／		／		／	
／		／		／		／	
／		／		／		／	
／		／		／		／	
／		／		／		／	
／		／		／		／	

いくつできたか　きろくしましょう。

こたえ

	○	●	◎	❁
①	5－4 1	7－4 3	8－2 6	4－3 1
②	5－2 3	7－6 1	8－3 5	3－1 2
③	5－3 2	7－5 2	9－4 5	4－2 2
④	5－1 4	7－1 6	9－6 3	10－7 3
⑤	6－2 4	7－3 4	9－2 7	10－5 5
⑥	6－4 2	8－1 7	9－1 8	10－2 8
⑦	6－5 1	8－4 4	9－3 6	10－3 7
⑧	6－3 3	8－5 3	9－5 4	10－1 9
⑨	6－1 5	8－7 1	9－8 1	10－8 2
⑩	7－2 5	8－6 2	9－7 2	10－6 4

年《ねん》　組《くみ》　番《ばん》　名前《なまえ》

14 ひき算《ざん》(1)②（こたえが9まで）

	○	●	◎	❁
①	7 − 2	10 − 9	8 − 2	7 − 3
②	9 − 4	8 − 1	5 − 3	7 − 4
③	6 − 5	9 − 8	6 − 2	10 − 5
④	8 − 3	4 − 1	9 − 2	9 − 7
⑤	8 − 5	7 − 6	5 − 2	9 − 6
⑥	7 − 5	5 − 1	3 − 2	6 − 1
⑦	9 − 5	8 − 7	5 − 4	8 − 6
⑧	10 − 4	3 − 1	2 − 1	10 − 7
⑨	9 − 1	4 − 3	4 − 2	8 − 5
⑩	7 − 1	9 − 3	6 − 3	8 − 4

※1分間《ぷんかん》にどこまでいえるかな？　目《もく》ひょうは1分で40問《もん》

14 ひき算《ざん》⑴②（こたえが9まで）

年《ねん》　組《くみ》　番《ばん》　名前《なまえ》

きろくひょう

月《がつ》／日《にち》	なんこ	月／日	なんこ	月／日	なんこ	月／日	なんこ
／		／		／		／	
／		／		／		／	
／		／		／		／	
／		／		／		／	
／		／		／		／	
／		／		／		／	

いくつできたか　きろくしましょう。

こたえ

	○	●	◎	✿
①	7 − 2 5	10 − 9 1	8 − 2 6	7 − 3 4
②	9 − 4 5	8 − 1 7	5 − 3 2	7 − 4 3
③	6 − 5 1	9 − 8 1	6 − 2 4	10 − 5 5
④	8 − 3 5	4 − 1 3	9 − 2 7	9 − 7 2
⑤	8 − 5 3	7 − 6 1	5 − 2 3	9 − 6 3
⑥	7 − 5 2	5 − 1 4	3 − 2 1	6 − 1 5
⑦	9 − 5 4	8 − 7 1	5 − 4 1	8 − 6 2
⑧	10 − 4 6	3 − 1 2	2 − 1 1	10 − 7 3
⑨	9 − 1 8	4 − 3 1	4 − 2 2	8 − 5 3
⑩	7 − 1 6	9 − 3 6	6 − 3 3	8 − 4 4

年《ねん》　組《くみ》　番《ばん》　名前《なまえ》

15 十《じゅう》いくつ＋《たす》1けた（くり上《あ》がりなし）

	○	●	◎	❁
①	10＋2	11＋5	13＋3	13＋6
②	10＋1	14＋1	13＋4	16＋3
③	10＋3	14＋2	15＋2	11＋7
④	10＋4	15＋1	11＋2	11＋4
⑤	10＋6	13＋5	12＋4	14＋3
⑥	10＋7	11＋6	15＋3	15＋4
⑦	10＋5	12＋7	18＋1	16＋2
⑧	10＋9	17＋1	12＋5	11＋8
⑨	10＋8	12＋1	17＋2	14＋4
⑩	10＋10	16＋1	14＋5	12＋6

※1分間《ぶんかん》にどこまでいえるかな？　目《もく》ひょうは1分で40問《もん》

15 十《じゅう》いくつ＋《たす》1けた(くり上《あ》がりなし)

年《ねん》　組《くみ》　番《ばん》　名前《なまえ》

■きろくひょう

月《がつ》／日《にち》	なんこ	月／日	なんこ	月／日	なんこ	月／日	なんこ
／		／		／		／	
／		／		／		／	
／		／		／		／	
／		／		／		／	
／		／		／		／	
／		／		／		／	

いくつできたか　きろくしましょう。

■こたえ

	○	●	◎	✿
①	10＋2 12	11＋5 16	13＋3 16	13＋6 19
②	10＋1 11	14＋1 15	13＋4 17	16＋3 19
③	10＋3 13	14＋2 16	15＋2 17	11＋7 18
④	10＋4 14	15＋1 16	11＋2 13	11＋4 15
⑤	10＋6 16	13＋5 18	12＋4 16	14＋3 17
⑥	10＋7 17	11＋6 17	15＋3 18	15＋4 19
⑦	10＋5 15	12＋7 19	18＋1 19	16＋2 18
⑧	10＋9 19	17＋1 18	12＋5 17	11＋8 19
⑨	10＋8 18	12＋1 13	17＋2 19	14＋4 18
⑩	10＋10 20	16＋1 17	14＋5 19	12＋6 18

年《ねん》　組《くみ》　番《ばん》　名前《なまえ》

16 十《じゅう》いくつ−《ひく》1けた（くり下《さ》がりなし）

	○	●	◎	✿
①	17−2	14−1	18−1	17−3
②	19−5	18−3	14−3	15−4
③	16−1	19−8	16−2	14−2
④	18−2	14−4	19−7	16−6
⑤	12−1	17−6	11−1	13−2
⑥	17−5	15−1	19−2	19−6
⑦	19−4	18−7	17−4	18−6
⑧	16−5	13−1	18−4	15−3
⑨	19−1	15−2	19−3	18−8
⑩	17−1	16−4	16−3	18−5

※1分間《ぶんかん》にどこまでいえるかな？　目《もく》ひょうは1分で40問《もん》

16 十《じゅう》いくつ−《ひく》1けた(くり下《さ》がりなし)

年《ねん》　組《くみ》　番《ばん》　名前《なまえ》

きろくひょう

月《がつ》／日《にち》	なんこ	月／日	なんこ	月／日	なんこ	月／日	なんこ
／		／		／		／	
／		／		／		／	
／		／		／		／	
／		／		／		／	
／		／		／		／	
／		／		／		／	

いくつできたか　きろくしましょう。

こたえ

	○	●	◎	✿
①	17－2 15	14－1 13	18－1 17	17－3 14
②	19－5 14	18－3 15	14－3 11	15－4 11
③	16－1 15	19－8 11	16－2 14	14－2 12
④	18－2 16	14－4 10	19－7 12	16－6 10
⑤	12－1 11	17－6 11	11－1 10	13－2 11
⑥	17－5 12	15－1 14	19－2 17	19－6 13
⑦	19－4 15	18－7 11	17－4 13	18－6 12
⑧	16－5 11	13－1 12	18－4 14	15－3 12
⑨	19－1 18	15－2 13	19－3 16	18－8 10
⑩	17－1 16	16－4 12	16－3 13	18－5 13

年《ねん》　組《くみ》　番《ばん》　名前《なまえ》

17 3つのかずの計算《けいさん》

こたえとおなじいいかたでいいましょう。

	○	●	◎
①	$8+2+3$	$7-2+3$	$6+4-3$
②	$7+3+5$	$10-9+6$	$2+7-5$
③	$9+1+4$	$4-1+5$	$10-4+3$
④	$10-5+2$	$10-8+7$	$17-7+2$
⑤	$10-8+3$	$13-3-8$	$4+5+1$
⑥	$10-4+1$	$16-6-5$	$7+3+6$

※1分間《ぶんかん》にどこまでいえるかな？

17 3つのかずの計算《けいさん》

こたえ

	○	●	◎
①	8 と 2 をあわせて 10 10 と 3 をあわせて 13	7 から 2 をとって 5 5 と 3 をあわせて 8	6 と 4 をあわせて 10 10 から 3 をとって 7
②	7 と 3 をあわせて 10 10 と 5 をあわせて 15	10 から 9 をとって 1 1 と 6 をあわせて 7	2 と 7 をあわせて 9 9 から 5 をとって 4
③	9 と 1 をあわせて 10 10 と 4 をあわせて 14	4 から 1 をとって 3 3 と 5 をあわせて 8	10 から 4 をとって 6 6 と 3 をあわせて 9
④	10 から 5 をとって 5 5 と 2 をあわせて 7	10 から 8 をとって 2 2 と 7 をあわせて 9	17 から 7 をとって 10 10 と 2 をあわせて 12
⑤	10 から 8 をとって 2 2 と 3 をあわせて 5	13 から 3 をとって 10 10 から 8 をとって 2	4 と 5 をあわせて 9 9 と 1 をあわせて 10
⑥	10 から 4 をとって 6 6 と 1 をあわせて 7	16 から 6 をとって 10 10 から 5 をとって 5	7 と 3 をあわせて 10 10 と 6 をあわせて 16

年《ねん》　組《くみ》　番《ばん》　名前《なまえ》

きろくひょう

月《がつ》／日《にち》	なんこ	月／日	なんこ
／		／	
／		／	
／		／	
／		／	
／		／	
／		／	
／		／	
／		／	
／		／	
／		／	
／		／	
／		／	
／		／	
／		／	
／		／	
／		／	

いくつできたか　きろくしましょう。

年《ねん》　組《くみ》　番《ばん》　名前《なまえ》

18 1けた＋《たす》1けた（くり上《あ》がりあり）

	○	●	◎	❁
①	9＋2	8＋3	7＋4	4＋8
②	4＋9	9＋3	5＋9	8＋4
③	3＋8	5＋7	9＋5	7＋6
④	8＋7	6＋6	6＋7	8＋6
⑤	7＋8	9＋7	7＋7	4＋7
⑥	5＋6	3＋9	2＋9	9＋9
⑦	6＋9	7＋9	8＋8	6＋8
⑧	9＋4	8＋2	7＋5	8＋9
⑨	1＋9	8＋5	9＋6	6＋5
⑩	9＋8	3＋7	6＋4	5＋8

※1分間《ぷんかん》にどこまでいえるかな？　目《もく》ひょうは1分で40問《もん》

18 1けた＋《たす》1けた（くり上《あ》がりあり）

年《ねん》　組《くみ》　番《ばん》　名前《なまえ》

■きろくひょう

月《がつ》／日《にち》	なんこ	月／日	なんこ	月／日	なんこ	月／日	なんこ
／		／		／		／	
／		／		／		／	
／		／		／		／	
／		／		／		／	
／		／		／		／	
／		／		／		／	

いくつできたか　きろくしましょう。

■こたえ

	○	●	◎	✿
①	9＋2 11	8＋3 11	7＋4 11	4＋8 12
②	4＋9 13	9＋3 12	5＋9 14	8＋4 12
③	3＋8 11	5＋7 12	9＋5 14	7＋6 13
④	8＋7 15	6＋6 12	6＋7 13	8＋6 14
⑤	7＋8 15	9＋7 16	7＋7 14	4＋7 11
⑥	5＋6 11	3＋9 12	2＋9 11	9＋9 18
⑦	6＋9 15	7＋9 16	8＋8 16	6＋8 14
⑧	9＋4 13	8＋2 10	7＋5 12	8＋9 17
⑨	1＋9 10	8＋5 13	9＋6 15	6＋5 11
⑩	9＋8 17	3＋7 10	6＋4 10	5＋8 13

年《ねん》　組《くみ》　番《ばん》　名前《なまえ》

19 くり下《さ》がりのひき算《ざん》 −《ひく》9，8，7，6，5

計算《けいさん》のしかたをいいましょう。

10から○《いくつ》とって□《いくつ》，□《いくつ》と○《いくつ》をあわせて（で）いくつ

	○	●	◎
①	14－9	17－9	14－7
②	11－9	13－9	11－8
③	13－8	15－7	15－9
④	16－8	12－7	13－6
⑤	11－7	16－9	12－8
⑥	13－7	11－5	14－6
⑦	14－8	12－6	12－5
⑧	15－8	11－6	17－8

19 くり下《さ》がりのひき算《ざん》 −《ひく》9,8,7,6,5

年《ねん》　組《くみ》　番《ばん》　名前《なまえ》

■きろくひょう

月《がつ》／日《にち》	なんこ	月／日	なんこ	月／日	なんこ	月／日	なんこ
／		／		／		／	
／		／		／		／	
／		／		／		／	
／		／		／		／	
／		／		／		／	
／		／		／		／	

いくつできたか　きろくしましょう。

■こたえ

	○	●	◎
①	14 − 9 10 から 9 とって 1 1 と 4 をあわせて 5	17 − 9 10 から 9 とって 1 1 と 7 で 8	14 − 7 10 から 7 とって 3 3 と 4 で 7
②	11 − 9 10 から 9 とって 1 1 と 1 をあわせて 2	13 − 9 10 から 9 とって 1 1 と 3 で 4	11 − 8 10 から 8 とって 2 2 と 1 で 3
③	13 − 8 10 から 8 とって 2 2 と 3 をあわせて 5	15 − 7 10 から 7 とって 3 3 と 5 で 8	15 − 9 10 から 9 とって 1 1 と 5 で 6
④	16 − 8 10 から 8 とって 2 2 と 6 をあわせて 8	12 − 7 10 から 7 とって 3 3 と 2 で 5	13 − 6 10 から 6 とって 4 4 と 3 で 7
⑤	11 − 7 10 から 7 とって 3 3 と 1 をあわせて 4	16 − 9 10 から 9 とって 1 1 と 6 で 7	12 − 8 10 から 8 とって 2 2 と 2 で 4
⑥	13 − 7 10 から 7 とって 3 3 と 3 をあわせて 6	11 − 5 10 から 5 とって 5 5 と 1 で 6	14 − 6 10 から 6 とって 4 4 と 4 で 8
⑦	14 − 8 10 から 8 とって 2 2 と 4 をあわせて 6	12 − 6 10 から 6 とって 4 4 と 2 で 6	12 − 5 10 から 5 とって 5 5 と 2 で 7
⑧	15 − 8 10 から 8 とって 2 2 と 5 をあわせて 7	11 − 6 10 から 6 とって 4 4 と 1 で 5	17 − 8 10 から 8 とって 2 2 と 7 で 9

年《ねん》　組《くみ》　番《ばん》　名前《なまえ》

20 十《じゅう》いくつ−《ひく》1けた(くり下《さ》がりあり)

※数回《すうかい》やったら次《つぎ》は◎から始《はじ》めましょう。

	○	●	◎	❁
①	11－2	16－7	12－6	11－6
②	13－5	15－9	11－5	12－5
③	11－8	14－7	16－7	14－8
④	12－4	11－2	17－9	18－9
⑤	13－4	18－9	12－9	11－4
⑥	12－3	13－6	13－8	15－8
⑦	14－6	15－7	12－7	13－7
⑧	11－9	16－8	14－5	13－4
⑨	12－8	17－8	13－9	14－9
⑩	15－6	11－3	16－9	12－3

※１分間《ぶんかん》にどこまでいえるかな？　目《もく》ひょうは１分で40問《もん》
家《いえ》でやるときは，なれるまで，２分間（３分間）でもいいよ。

20 十《じゅう》いくつ−《ひく》1けた(くり下《さ》がりあり)

年《ねん》　組《くみ》　番《ばん》　名前《なまえ》

きろくひょう

月《がつ》/日《にち》	なんこ	月/日	なんこ	月/日	なんこ	月/日	なんこ
/		/		/		/	
/		/		/		/	
/		/		/		/	
/		/		/		/	
/		/		/		/	
/		/		/		/	

いくつできたか　きろくしましょう。

こたえ

	○	●	◎	✿
①	11−2 9	16−7 9	12−6 6	11−6 5
②	13−5 8	15−9 6	11−5 6	12−5 7
③	11−8 3	14−7 7	16−7 9	14−8 6
④	12−4 8	11−2 9	17−9 8	18−9 9
⑤	13−4 9	18−9 9	12−9 3	11−4 7
⑥	12−3 9	13−6 7	13−8 5	15−8 7
⑦	14−6 8	15−7 8	12−7 5	13−7 6
⑧	11−9 2	16−8 8	14−5 9	13−4 9
⑨	12−8 4	17−8 9	13−9 4	14−9 5
⑩	15−6 9	11−3 8	16−9 7	12−3 9

年《ねん》　組《くみ》　番《ばん》　名前《なまえ》

21 くり下《さ》がりのあるひき算《ざん》，なしのひき算《ざん》

「ひけるから」「ひけないから」をつけていいましょう。

	○	●	◎
①	17－5	18－9	17－4
②	18－3	18－6	11－7
③	15－2	12－7	18－7
④	17－6	17－7	13－6
⑤	14－6	13－5	12－4
⑥	16－9	11－8	16－7
⑦	12－8	14－2	19－6
⑧	15－7	11－6	16－8

21 くり下《さ》がりのあるひき算《ざん》，なしのひき算《ざん》

年《ねん》　組《くみ》　番《ばん》　名前《なまえ》

きろくひょう

月《がつ》／日《にち》	なんこ	月／日	なんこ	月／日	なんこ	月／日	なんこ
／		／		／		／	
／		／		／		／	
／		／		／		／	
／		／		／		／	
／		／		／		／	
／		／		／		／	

いくつできたか　きろくしましょう。

こたえ

	○	●	◎
①	17 − 5 ひけるから 7 から 5 とって 2 10 と 2 で 12	18 − 9 ひけないから 10 から 9 とって 1 1 と 8 で 9	17 − 4 ひけるから 7 から 4 とって 3 10 と 3 で 13
②	18 − 3 ひけるから 8 から 3 とって 5 10 と 5 で 15	18 − 6 ひけるから 8 から 6 とって 2 10 と 2 で 12	11 − 7 ひけないから 10 から 7 とって 3 3 と 1 で 4
③	15 − 2 ひけるから 5 から 2 とって 3 10 と 3 で 13	12 − 7 ひけないから 10 から 7 とって 3 3 と 2 で 5	18 − 7 ひけるから 8 から 7 とって 1 10 と 1 で 11
④	17 − 6 ひけるから 7 から 6 とって 1 10 と 1 で 11	17 − 7 ひけるから 17 から 7 とって 10	13 − 6 ひけないから 10 から 6 とって 4 4 と 3 で 7
⑤	14 − 6 ひけないから 10 から 6 とって 4 4 と 4 で 8	13 − 5 ひけないから 10 から 5 とって 5 5 と 3 で 8	12 − 4 ひけないから 10 から 4 とって 6 6 と 2 で 8
⑥	16 − 9 ひけないから 10 から 9 とって 1 1 と 6 で 7	11 − 8 ひけないから 10 から 8 とって 2 2 と 1 で 3	16 − 7 ひけないから 10 から 7 とって 3 3 と 6 で 9
⑦	12 − 8 ひけないから 10 から 8 とって 2 2 と 2 で 4	14 − 2 ひけるから 4 から 2 とって 2 10 と 2 で 12	19 − 6 ひけるから 9 から 6 とって 3 10 と 3 で 13
⑧	15 − 7 ひけないから 10 から 7 とって 3 3 と 5 で 8	11 − 6 ひけないから 10 から 6 とって 4 4 と 1 で 5	16 − 8 ひけないから 10 から 8 とって 2 2 と 6 で 8

年《ねん》　組《くみ》　番《ばん》　名前《なまえ》

22 たし算《ざん》とひき算《ざん》

	○	●	◎
①	7＋6	11＋7	5＋8
②	9＋3	12＋5	6＋6
③	14－7	12－6	16－7
④	15－8	17－8	13－8
⑤	9＋6	8＋9	11＋8
⑥	7＋7	4＋9	13＋3
⑦	17－4	15－3	14－8
⑧	16－8	11－7	17－9

22 たし算《ざん》とひき算《ざん》

年《ねん》　組《くみ》　番《ばん》　名前《なまえ》

きろくひょう

月《がつ》／日《にち》	なんこ	月／日	なんこ	月／日	なんこ	月／日	なんこ
／		／		／		／	
／		／		／		／	
／		／		／		／	
／		／		／		／	
／		／		／		／	
／		／		／		／	

いくつできたか　きろくしましょう。

こたえ

	○	●	◎
①	7＋6 13	11＋7 18	5＋8 13
②	9＋3 12	12＋5 17	6＋6 12
③	14－7 7	12－6 6	16－7 9
④	15－8 7	17－8 9	13－8 5
⑤	9＋6 15	8＋9 17	11＋8 19
⑥	7＋7 14	4＋9 13	13＋3 16
⑦	17－4 13	15－3 12	14－8 6
⑧	16－8 8	11－7 4	17－9 8

年《ねん》　組《くみ》　番《ばん》　名前《なまえ》

23 いくつでしょう

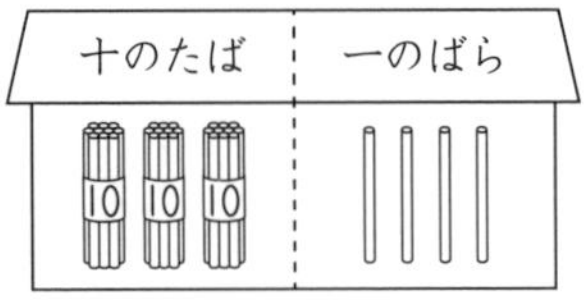

	○	◎
①		 30より１大きいかず
②		 30より１小さいかず
③	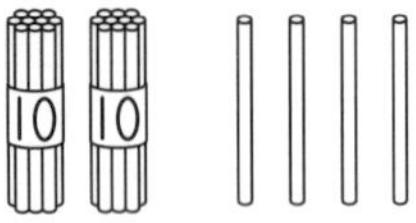	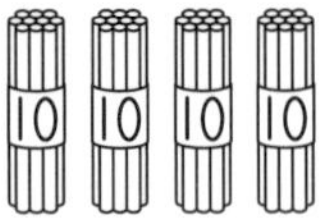 40より７大きいかず
④		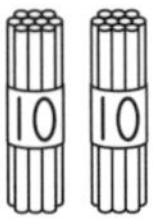 20より１小さいかず
⑤	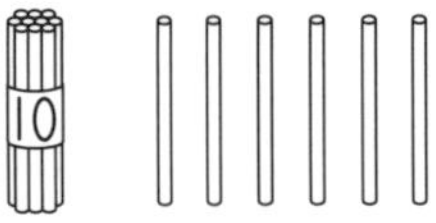	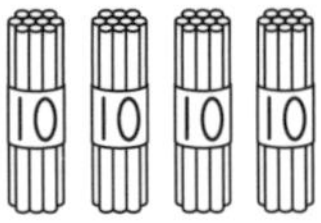 40より１小さいかず
⑥	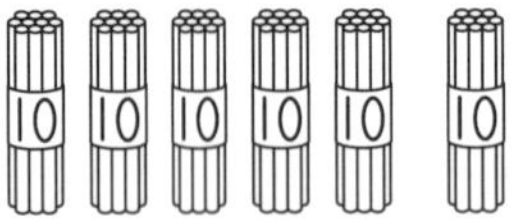	 100より１小さいかず
⑦	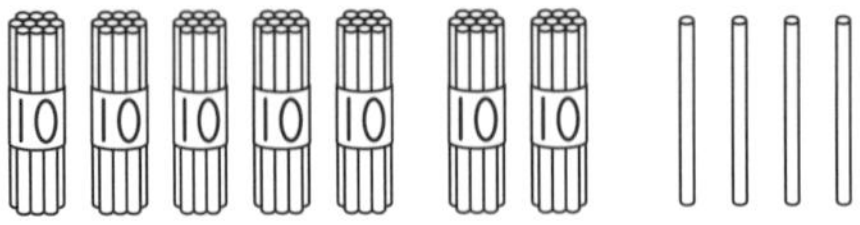	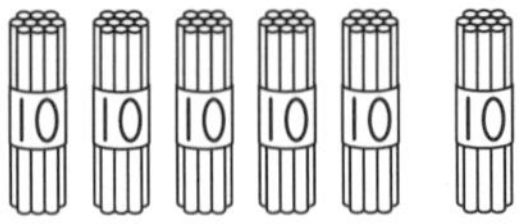 60より１小さいかず
⑧	10が8《やっ》つで	90より１小さいかず
⑨	10が6《むっ》つと　１が3《みっ》つで	90より１大きいかず
⑩	10が8《やっ》つと　１が7《なな》つで	79より１大きいかず

23 いくつでしょう

年《ねん》　組《くみ》　番《ばん》　名前《なまえ》

きろくひょう

月《がつ》／日《にち》	なんこ	月／日	なんこ	月／日	なんこ	月／日	なんこ
／		／		／		／	
／		／		／		／	
／		／		／		／	
／		／		／		／	
／		／		／		／	
／		／		／		／	

いくつできたか　きろくしましょう。

こたえ

	○		◎		
①		32	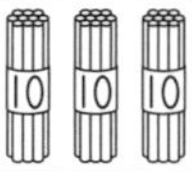 30より１大きいかず	31
②	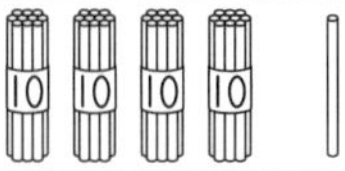	41	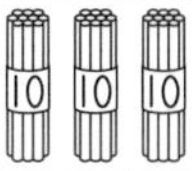 30より１小さいかず	29
③	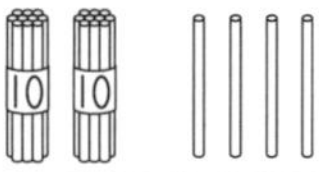	24	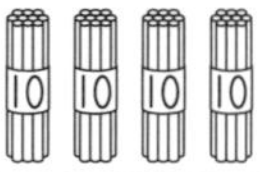 40より７大きいかず	47
④		50	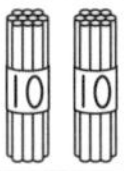 20より１小さいかず	19
⑤	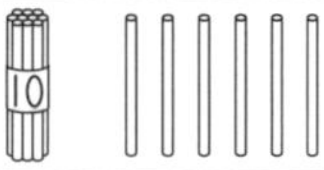	16	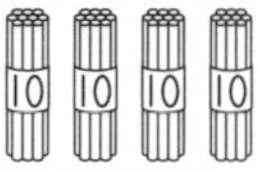 40より１小さいかず	39
⑥	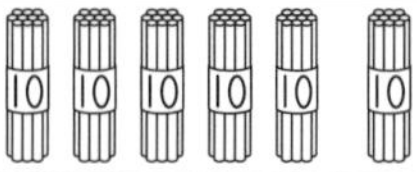	60	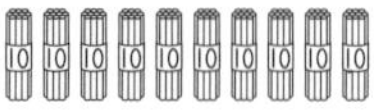 100より１小さいかず	99
⑦		74	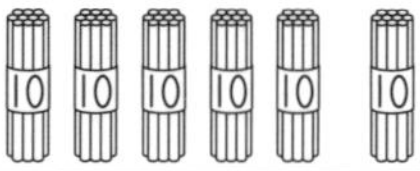 60より１小さいかず	59
⑧	10が８《やっ》つで	80	90より１小さいかず	89
⑨	10が６《むっ》つと　１が３《みっ》つで	63	90より１大きいかず	91
⑩	10が８《やっ》つと　１が７《なな》つで	87	79より１大きいかず	80

年《ねん》　組《くみ》　番《ばん》　名前《なまえ》

24 どちらが大《おお》きいですか

※数回《すうかい》やったら次《つぎ》は◎から始《はじ》めましょう。

	○	●	◎ ちがいをもとめるしきとこたえをいいましょう。
①	21　と　16	23　と　32	9　と　5　とのちがい ○○○○○○○○○ ○○○○○
②	56　と　61	45　と　40	4　と　7　とのちがい ○○○○ ○○○○○○○
③	70　と　80	45　と　51	7　と　8　とのちがい ○○○○○○○ ○○○○○○○○
④	71　と　73	89　と　100	9　と　14　とのちがい
⑤	48　と　53	69　と　96	11　と　8　とのちがい
⑥	99　と　90	108　と　111	4　と　11　とのちがい
⑦	19　と　21	120　と　98	2　と　10　とのちがい
⑧	65　と　56	76　と　67	15　と　9　とのちがい
⑨	73　と　37	58　と　85	10　と　15　とのちがい
⑩	19　と　91	69　と　67	8　と　17　とのちがい

※1分間《ぷんかん》にどこまでいえるかな？　目《もく》ひょうは1分で30問《もん》

24 どちらが大《おお》きいですか

年《ねん》　組《くみ》　番《ばん》　名前《なまえ》

きろくひょう

月《がつ》／日《にち》	なんこ	月／日	なんこ	月／日	なんこ	月／日	なんこ
／		／		／		／	
／		／		／		／	
／		／		／		／	
／		／		／		／	
／		／		／		／	
／		／		／		／	

いくつできたか　きろくしましょう。

こたえ

	○	●	◎	
①	21 と 16 21	23 と 32 32	9 と 5 9－5で　4ちがう	
②	56 と 61 61	45 と 40 45	4 と 7 7－4で　3ちがう	4－7は まちがい
③	70 と 80 80	45 と 51 51	7 と 8 8－7で　1ちがう	7－8は まちがい
④	71 と 73 73	89 と 100 100	9 と 14 14－9で　5ちがう	9－14は まちがい
⑤	48 と 53 53	69 と 96 96	11 と 8 11－8で　3ちがう	
⑥	99 と 90 99	108 と 111 111	4 と 11 11－4で　7ちがう	
⑦	19 と 21 21	120 と 98 120	2 と 10 10－2で　8ちがう	
⑧	65 と 56 65	76 と 67 76	15 と 9 15－9で　6ちがう	
⑨	73 と 37 73	58 と 85 85	10 と 15 15－10で　5ちがう	
⑩	19 と 91 91	69 と 67 69	8 と 17 17－8で　9ちがう	

ぎゃくにしたらまちがいです。

年《ねん》　組《くみ》　番《ばん》　名前《なまえ》

25 はしから　じゅんじょよく　かずをいいましょう

○	へっていくのもあるよ　◎
① 48 □ □ 51 52 53 54 □	⑥ 72 71 70 □ □ 67 66 □
② 76 □ 78 79 □ □ 82 83	⑦ □ 99 98 □ 96 95 □ 93
③ 89 □ 91 □ 93 94 95 □	⑧ □ 54 55 56 □ 58 59 □
④ □ 26 □ 28 □ 30 □ 32	⑨ 64 65 □ 67 68 69 □ □
⑤ □ 42 43 44 □ 46 47 □	⑩ 97 98 99 □ □ 102 □ 104

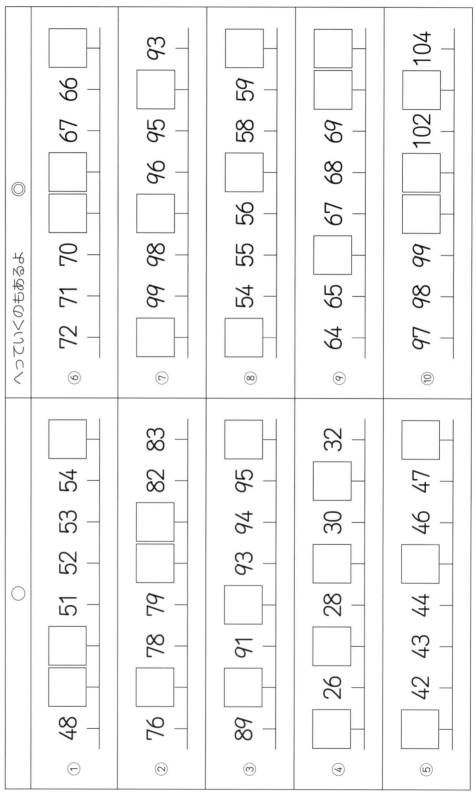

25 はしから　じゅんじょよく　かずをいいましょう

年《ねん》　組《くみ》　番《ばん》　名前《なまえ》

こたえ

○	◎
① 48 [49] [50] 51 52 53 54 [55]	⑥ 72 71 70 [69] [68] 67 66 [65]
② 76 [77] 78 79 [80] [81] 82 83	⑦ [100] 99 98 [97] 96 95 [94] 93
③ 89 [90] 91 [92] 93 94 95 [96]	⑧ [53] 54 55 56 [57] 58 59 [60]
④ [25] 26 [27] 28 [29] 30 [31] 32	⑨ 64 65 [66] 67 68 69 [70] [71]
⑤ [41] 42 43 44 [45] 46 47 [48]	⑩ 97 98 99 [100] [101] 102 [103] 104

きろくひょう

月《がつ》／日《にち》	なんこ	月／日	なんこ
／		／	
／		／	
／		／	
／		／	
／		／	
／		／	
／		／	
／		／	
／		／	
／		／	
／		／	
／		／	
／		／	
／		／	
／		／	
／		／	

いくつできたか　きろくしましょう。

年《ねん》　組《くみ》　番《ばん》　名前《なまえ》

26 100までのかず　2とび，5とび，10とび

はしから　じゅんじょよく　かずをいいましょう。へっていくのもあるよ。

○	◎
① 20 □ 24 26 □ 30 □ □	⑥ 30 □ 50 60 □ 80 □ □
② □ 34 36 □ 40 □ □ 46	⑦ 50 55 □ □ 70 75 □ □
③ 5 □ 15 20 □ 30 □ □	⑧ □ 90 80 □ □ 50 □ 30
④ 40 □ 50 55 □ □ 70 75	⑨ 44 46 □ □ 52 54 □ □
⑤ 85 □ 75 □ 65 60 55 □	⑩ 0 10 □ □ 40 □ 60 □

26 100までのかず　2とび，5とび，10とび

年《ねん》　組《くみ》　番《ばん》　名前《なまえ》

こたえ

○	◎
① 20 22 24 26 28 30 32 34	⑥ 30 40 50 60 70 80 90 100
② 32 34 36 38 40 42 44 46	⑦ 50 55 60 65 70 75 80 85
③ 5 10 15 20 25 30 35 40	⑧ 100 90 80 70 60 50 40 30
④ 40 45 50 55 60 65 70 75	⑨ 44 46 48 50 52 54 56 58
⑤ 85 80 75 70 65 60 55 50	⑩ 0 10 20 30 40 50 60 70

きろくひょう

月《がつ》／日《にち》	なんこ	月／日	なんこ
／		／	
／		／	
／		／	
／		／	
／		／	
／		／	
／		／	
／		／	
／		／	
／		／	
／		／	
／		／	
／		／	
／		／	
／		／	
／		／	

いくつできたか　きろくしましょう。

年《ねん》　組《くみ》　番《ばん》　名前《なまえ》

27 120までのかずの直線《ちょくせん》

ばんごうと↑のところの　かずをいいましょう。

※数回《すうかい》やったら次《つぎ》はウから始《はじ》めましょう。

ア

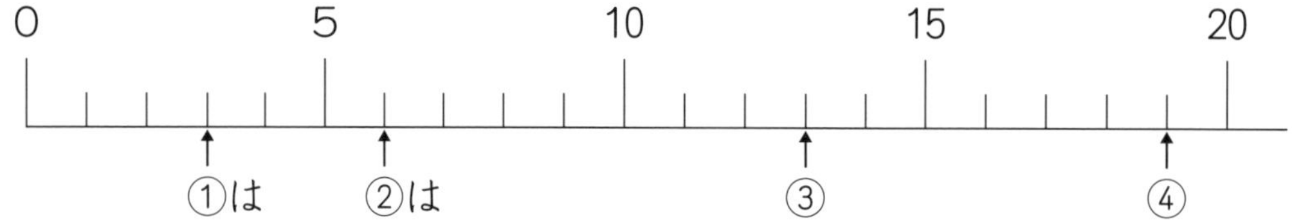

イ

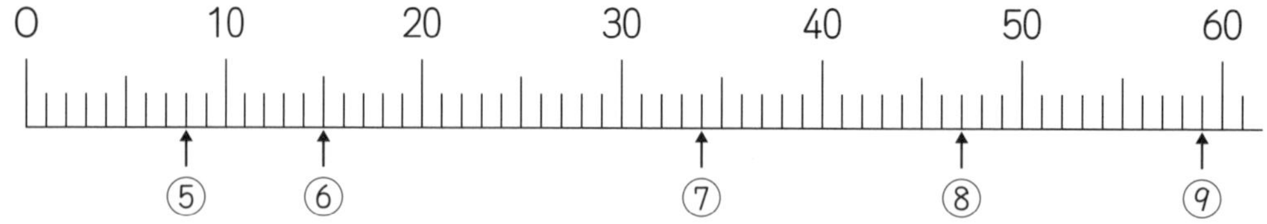

ウ

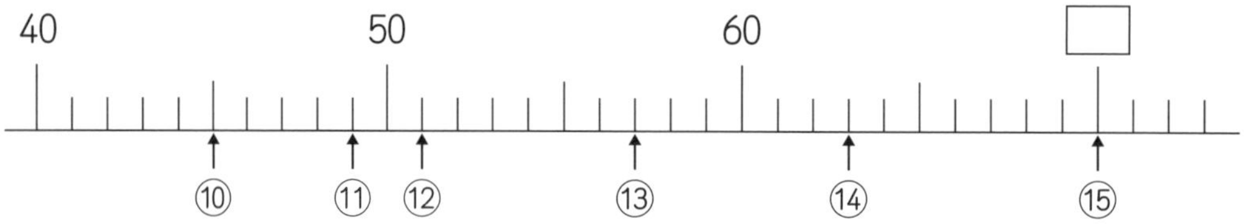

エ

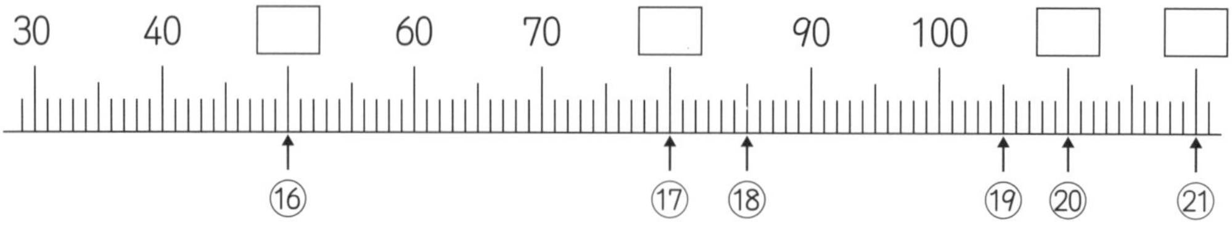

オ

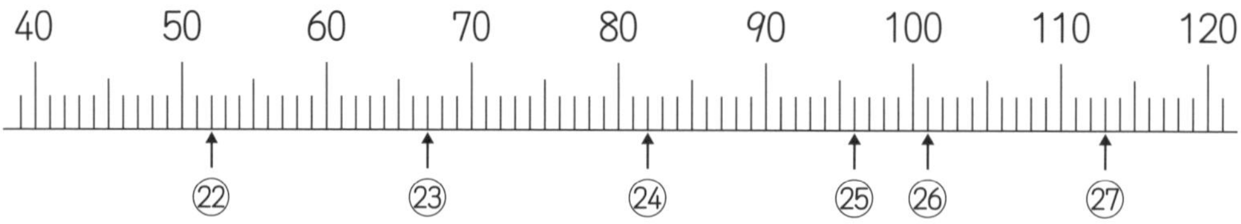

27 120までのかずの直線《ちょくせん》

年《ねん》　組《くみ》　番《ばん》　名前《なまえ》

■きろくひょう

月《がつ》／日《にち》	なんこ	月／日	なんこ	月／日	なんこ	月／日	なんこ
／		／		／		／	
／		／		／		／	
／		／		／		／	
／		／		／		／	
／		／		／		／	
／		／		／		／	

いくつできたか　きろくしましょう。

■こたえ

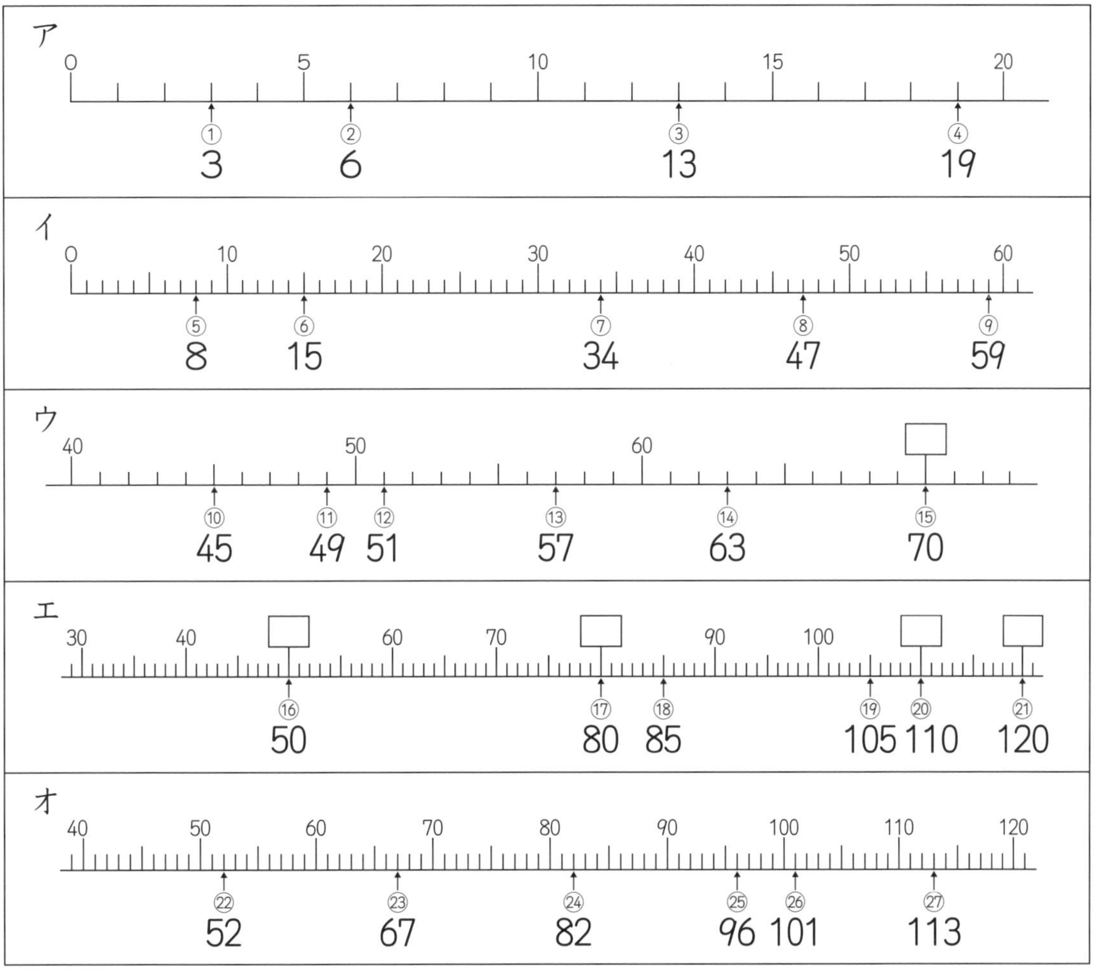

年《ねん》　組《くみ》　番《ばん》　名前《なまえ》

28 なん十+《じゅうたす》なん十《じゅう》，なん十－《じゅうひく》なん十《じゅう》

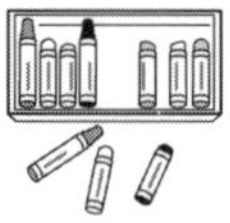

	○	●	◎
①	⑩　⑩⑩ 10＋20	70＋20	20と30で（　　　）になります。
②	⑩⑩⑩　⑩⑩⑩ 30＋30	50＋20	30と40で（　　　）になります。
③	60＋20	50＋50	100は20と（　　　）にわかれます。
④	40＋10	40＋40	40は30と（　　　）にわかれます。
⑤	60＋40	10＋80	60と20で（　　　）になります。
⑥	90－40	70－30	70と20で（　　　）になります。
⑦	30－10	80－20	70は20と（　　　）にわかれます。
⑧	100－40	80－50	90は30と（　　　）にわかれます。
⑨	50－40	90－70	10と70で（　　　）になります。
⑩	60－60	60－40	80は40と（　　　）にわかれます。

※1分間《ぶんかん》にどこまでいえるかな？　目《もく》ひょうは1分で30問《もん》

28 なん十+《じゅうたす》なん十《じゅう》，なん十−《じゅうひく》なん十《じゅう》

年《ねん》　組《くみ》　番《ばん》　名前《なまえ》

きろくひょう

月《がつ》／日《にち》	なんこ	月／日	なんこ	月／日	なんこ	月／日	なんこ
／		／		／		／	
／		／		／		／	
／		／		／		／	
／		／		／		／	
／		／		／		／	
／		／		／		／	

いくつできたか　きろくしましょう。

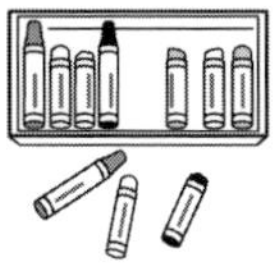

こたえ

	○	●	◎
①	10＋20 30	70＋20 90	20と30で（　50　）になります。
②	30＋30 60	50＋20 70	30と40で（　70　）になります。
③	60＋20 80	50＋50 100	100は20と（　80　）にわかれます。
④	40＋10 50	40＋40 80	40は30と（　10　）にわかれます。
⑤	60＋40 100	10＋80 90	60と20で（　80　）になります。
⑥	90－40 50	70－30 40	70と20で（　90　）になります。
⑦	30－10 20	80－20 60	70は20と（　50　）にわかれます。
⑧	100－40 60	80－50 30	90は30と（　60　）にわかれます。
⑨	50－40 10	90－70 20	10と70で（　80　）になります。
⑩	60－60 0	60－40 20	80は40と（　40　）にわかれます。

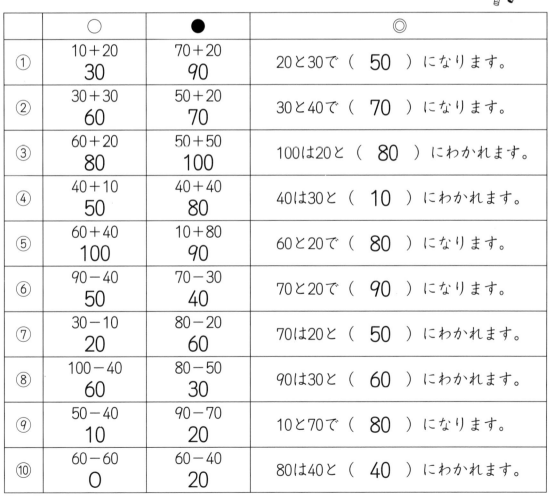

年《ねん》 組《くみ》 番《ばん》 名前《なまえ》

29 たし算《ざん》ひき算《ざん》 十《じゅう》いくつ+□《たすいくつ》，−□《ひくいくつ》 くり上《あ》がりくり下《さ》がりなし

	○	●	◎	❀ チャレンジ
①	12＋2	15＋4	32＋4	35＋10
②	15＋3	17＋1	65＋3	19＋70
③	13＋4	11＋2	82＋4	52＋30
④	10＋9	15＋2	23＋6	48＋50
⑤	13＋2	16＋3	94＋5	33＋40
⑥	14−3	11−1	88−7	46−20
⑦	16−2	19−2	39−6	88−10
⑧	16−6	17−5	47−2	74−40
⑨	15−5	18−7	58−5	68−30
⑩	17−4	13−1	69−9	93−90

※１分間《ぷんかん》にどこまでいえるかな？　目《もく》ひょうは１分で40問《もん》

たし算《ざん》ひき算《ざん》 十《じゅう》いくつ+□《たすいくつ》,−□《ひくいくつ》 くり上《あ》がりくり下《さ》がりなし

年《ねん》　組《くみ》　番《ばん》　名前《なまえ》

きろくひょう

月《がつ》／日《にち》	なんこ	月／日	なんこ	月／日	なんこ	月／日	なんこ
／		／		／		／	
／		／		／		／	
／		／		／		／	
／		／		／		／	
／		／		／		／	
／		／		／		／	

いくつできたか　きろくしましょう。

こたえ

	○	●	◎	✿
①	12+2 14	15+4 19	32+4 36	35+10 45
②	15+3 18	17+1 18	65+3 68	19+70 89
③	13+4 17	11+2 13	82+4 86	52+30 82
④	10+9 19	15+2 17	23+6 29	48+50 98
⑤	13+2 15	16+3 19	94+5 99	33+40 73
⑥	14−3 11	11−1 10	88−7 81	46−20 26
⑦	16−2 14	19−2 17	39−6 33	88−10 78
⑧	16−6 10	17−5 12	47−2 45	74−40 34
⑨	15−5 10	18−7 11	58−5 53	68−30 38
⑩	17−4 13	13−1 12	69−9 60	93−90 3

年《ねん》　組《くみ》　番《ばん》　名前《なまえ》

30 なんじ　なんじはん①

みじかいはりだけよくみます。

○	●	◎	✿
①  □じ	⑤  □じ　はん	⑨  □じ　はん	⑬  □じ
②  □じ	⑥  □じ　はん	⑩  □じ　はん	⑭  □じ　はん
③  □じ	⑦  □じ　はん	⑪  □じ　はん	⑮  □じ　はん
④  □じ	⑧  □じ　はん	⑫  □じ	⑯  □じ

30 なんじ　なんじはん①

年《ねん》　組《くみ》　番《ばん》　名前《なまえ》

きろくひょう

月《がつ》／日《にち》	なんこ	月／日	なんこ	月／日	なんこ	月／日	なんこ
／		／		／		／	
／		／		／		／	
／		／		／		／	
／		／		／		／	
／		／		／		／	
／		／		／		／	

いくつできたか　きろくしましょう。

こたえ

○	●	◎	❀
①  2じ	⑤  8じ　はん	⑨  5じ　はん	⑬  11じ
②  3じ	⑥  4じ　はん	⑩  11じ　はん	⑭  7じ　はん
③  5じ	⑦  6じ　はん	⑪  9じ　はん	⑮  10じ　はん
④  7じ	⑧  12じ　はん	⑫  4じ	⑯  12じ

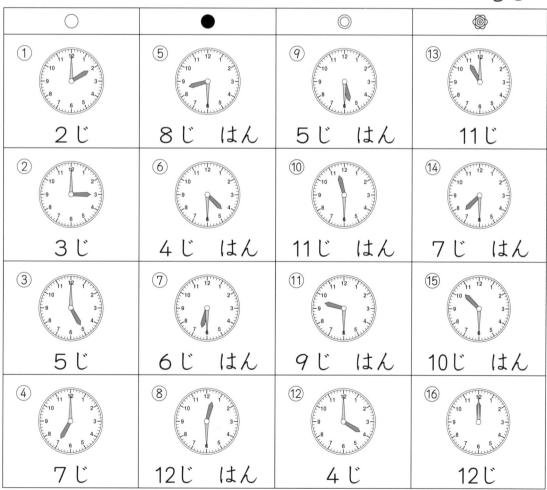

年《ねん》　組《くみ》　番《ばん》　名前《なまえ》

31 なんじ　なんじはん②

なんじでしょう。なんじはんでしょう。

○	●	◎	✿
① 	⑤ 	⑨ 	⑬ 
② 	⑥ 	⑩ 	⑭ 
③ 	⑦ 	⑪ 	⑮ 
④ 	⑧ 	⑫ 	⑯ 

31 なんじ　なんじはん②

年《ねん》　組《くみ》　番《ばん》　名前《なまえ》

きろくひょう

月《がつ》／日《にち》	なんこ	月／日	なんこ	月／日	なんこ	月／日	なんこ
／		／		／		／	
／		／		／		／	
／		／		／		／	
／		／		／		／	
／		／		／		／	
／		／		／		／	

いくつできたか　きろくしましょう。

こたえ

○	●	◎	✿
①  3じはん	⑤  6じ	⑨  1じはん	⑬  9じ
②  5じ	⑥  3じ	⑩  11じ	⑭  1じ
③  2じはん	⑦  6じはん	⑪  10じ	⑮  8じはん
④  7じ	⑧  8じ	⑫  12じはん	⑯  11じはん

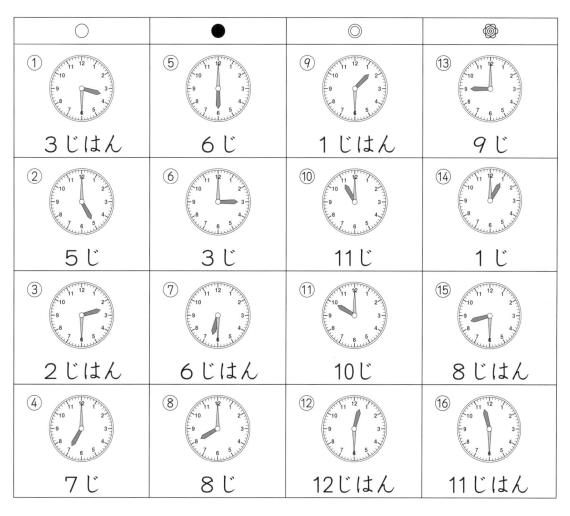

1年 パワーアップ読《よ》み上《あ》げ計算《けいさん》　　年《ねん》　組《くみ》　番《ばん》　名前《なまえ》

32 なんじなんぷん

はじめは２れつだけくりかえしましょう。 

	○	●	◎	✿
①	 じ　ふん	 じ　ふん	 じ　ふん	 じ　ふん
②	 じ　ふん	 じ　ふん	 じ　ふん	 じ　ふん
③	 じ　ふん	 じ　ふん	 じ　ふん	 じ　ふん
④	 じ　ふん	 じ　ふん	 じ　ふん	 じ　ふん

32 なんじなんぷん

年《ねん》　組《くみ》　番《ばん》　名前《なまえ》

きろくひょう

月《がつ》／日《にち》	なんこ	月／日	なんこ	月／日	なんこ	月／日	なんこ
／		／		／		／	
／		／		／		／	
／		／		／		／	
／		／		／		／	
／		／		／		／	
／		／		／		／	

いくつできたか　きろくしましょう。

こたえ

	○	●	◎	✿
①	 9じ30ぷん	 7じ15ふん	 4じ24ふん	 7じ58ぷん
②	 5じ20ぷん	 3じ10ぷん	 8じ37ふん	 2じ32ふん
③	 6じ50ぷん	 10じ5ふん	 9じ54ふん	 4じ46ぷん
④	 2じ40ぷん	 8じ45ふん	 12じ19ふん	 11じ27ふん

年《ねん》　組《くみ》　番《ばん》　名前《なまえ》

1 10分前《ぷんまえ》，後《あと》の時《じ》こく

“□分後《ふんあと》”はすすみます。“□分前《ふんまえ》”はもどります。

○	●	◎	❀
10分後《あと》の時《じ》こく	10分前《まえ》の時こく	15分後《あと》の時こく	15分前《まえ》の時こく
① 	⑤ 	⑨ 	⑬ 
② 	⑥ 	⑩ 	⑭ 
③ 	⑦ 	⑪ 	⑮ 
④ 	⑧ 	⑫ 	⑯ 

1 10分前《ぷんまえ》，後《あと》の時《じ》こく

年《ねん》　組《くみ》　番《ばん》　名前《なまえ》

きろくひょう

月／日	何《なん》　こ	月／日	何　こ	月／日	何　こ	月／日	何　こ
／		／		／		／	
／		／		／		／	
／		／		／		／	
／		／		／		／	
／		／		／		／	
／		／		／		／	

いくつできたか　きろくしましょう。

こたえ

○　10分後《あと》	●　10分前《まえ》	◎　15分後《あと》	✿　15分前《まえ》
①  9時40分	⑤  7時5分	⑨  4時40分	⑬  7時
②  5時30分	⑥  3時15分	⑩  8時55分	⑭  2時15分
③  10時15分	⑦  6時35分	⑪  10時	⑮  4時35分
④  2時50分	⑧  7時50分	⑫  1時5分	⑯  10時55分

年《ねん》　組《くみ》　番《ばん》　名前《なまえ》

2　1時間前《じかんまえ》，後《あと》の時《じ》こく

	○	●	◎	❁
	1時間後《じかんあと》の時《じ》こく	1時間前《まえ》の時こく	3時間後《あと》の時こく	3時間前《まえ》の時こく
①	 時　分	 時　分	 時　分	 時　分
②	 時　分	 時　分	 時　分	 時　分
③	 時　分	 時　分	 時　分	 時　分
④	 時　分	 時　分	 時　分	 時　分

2 1時間前《じかんまえ》，後《あと》の時《じ》こく

年《ねん》　組《くみ》　番《ばん》　名前《なまえ》

きろくひょう

月／日	何《なん》　こ	月／日	何　こ	月／日	何　こ	月／日	何　こ
／		／		／		／	
／		／		／		／	
／		／		／		／	
／		／		／		／	
／		／		／		／	
／		／		／		／	

いくつできたか　きろくしましょう。

こたえ

	○ 1時間後《じかんあと》の時《じ》こく	● 1時間前《まえ》の時こく	◎ 3時間後《あと》の時こく	3時間前《まえ》の時こく
①	 10時30分	 6時15分	 7時25分	 4時55分
②	 6時20分	 2時10分	 4時40分	 11時35分
③	 11時5分	 5時20分	 1時50分	 1時45分
④	 3時40分	 7時45分	 3時20分	 9時25分

年《ねん》　組《くみ》　番《ばん》　名前《なまえ》

3 1けたのひっ算《さん》　たし算《ざん》ひき算《ざん》

あ	い	う	え	お
① 5 + 3	⑤ 8 − 6	⑨ 3 + 9	⑬ 14 − 9	⑰ 7 + 5
② 4 + 6	⑥ 9 − 1	⑩ 7 + 7	⑭ 15 − 8	⑱ 5 + 9
③ 2 + 5	⑦ 4 − 4	⑪ 5 + 8	⑮ 12 − 4	⑲ 13 − 3
④ 7 + 2	⑧ 10 − 2	⑫ 4 + 7	⑯ 17 − 8	⑳ 11 − 4

3 1けたのひっ算《さん》　たし算《ざん》ひき算《ざん》

年《ねん》　組《くみ》　番《ばん》　名前《なまえ》

きろくひょう

月／日	何《なん》　こ	月／日	何　こ	月／日	何　こ	月／日	何　こ
／		／		／		／	
／		／		／		／	
／		／		／		／	
／		／		／		／	
／		／		／		／	
／		／		／		／	

いくつできたか　きろくしましょう。

こたえ

㋐	㋑	㋒	㋓	㋔
① 5 ＋ 3 8	⑤ 8 − 6 2	⑨ 3 ＋ 9 12	⑬ 14 − 9 5	⑰ 7 ＋ 5 12
② 4 ＋ 6 10	⑥ 9 − 1 8	⑩ 7 ＋ 7 14	⑭ 15 − 8 7	⑱ 5 ＋ 9 14
③ 2 ＋ 5 7	⑦ 4 − 4 0	⑪ 5 ＋ 8 13	⑮ 12 − 4 8	⑲ 13 − 3 10
④ 7 ＋ 2 9	⑧ 10 − 2 8	⑫ 4 ＋ 7 11	⑯ 17 − 8 9	⑳ 11 − 4 7

2年　パワーアップ読《よ》み上《あ》げ計算《けいさん》

年《ねん》　組《くみ》　番《ばん》　名前《なまえ》

4　━━の長《なが》さは，何《なん》cm何mmですか

	○	◎
①	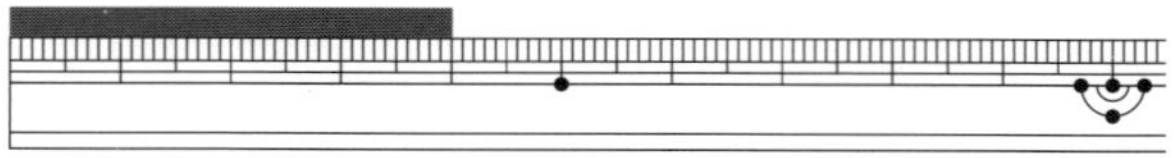	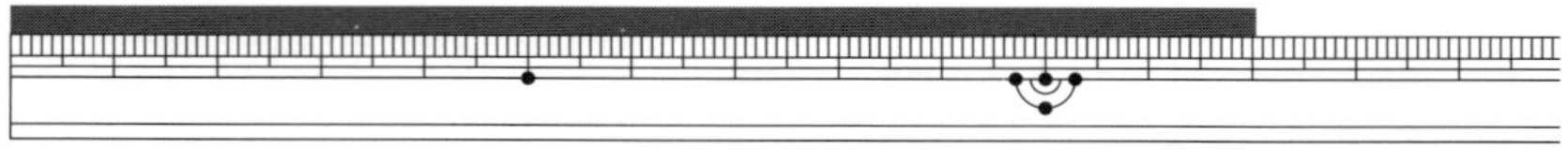
②	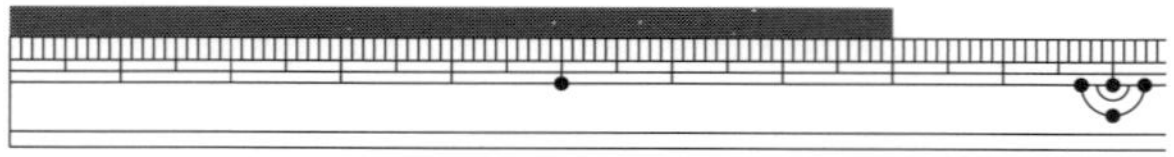	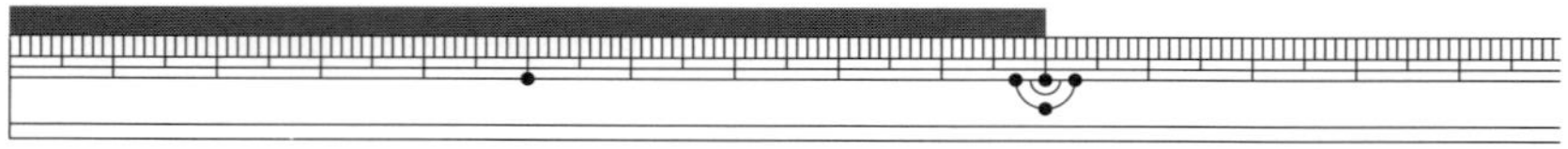
③	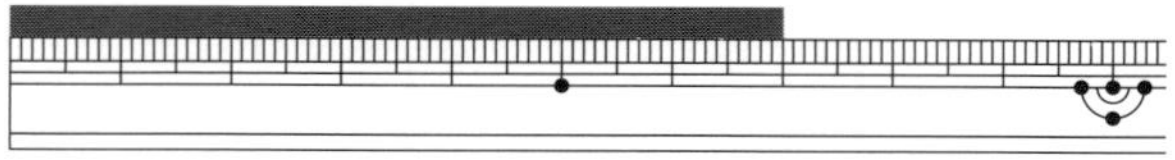	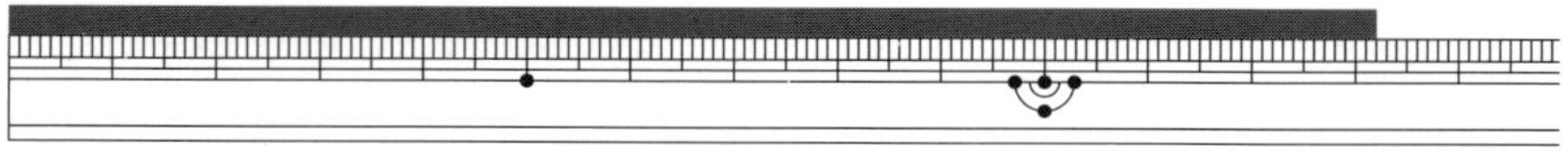
④	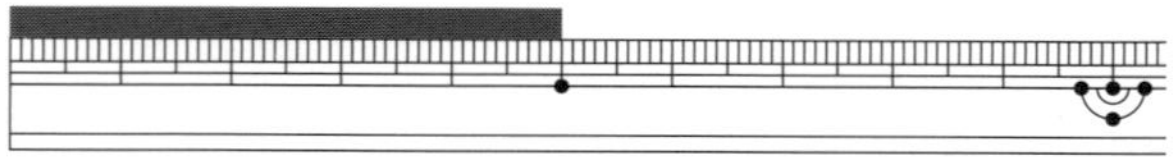	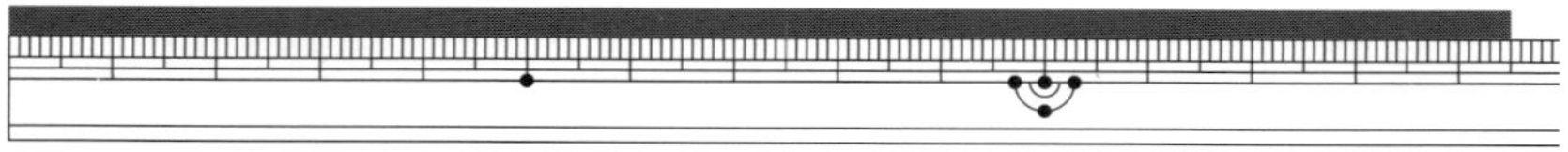
⑤	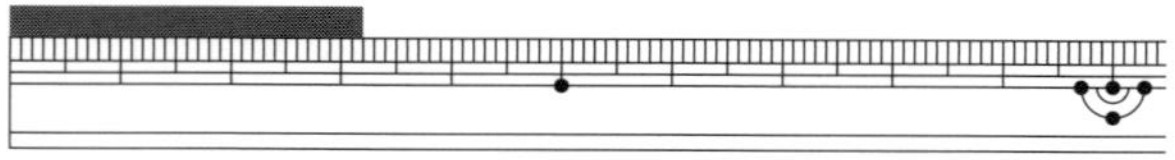	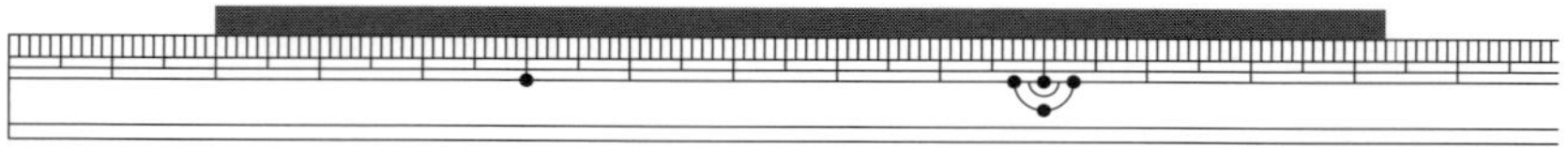
⑥	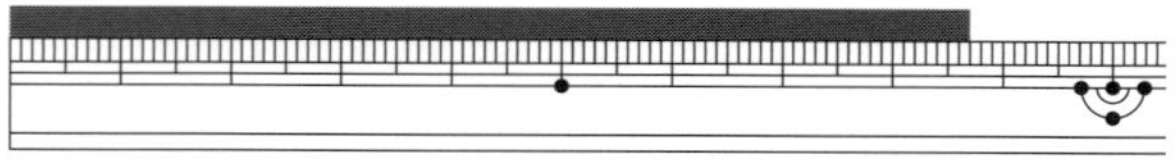	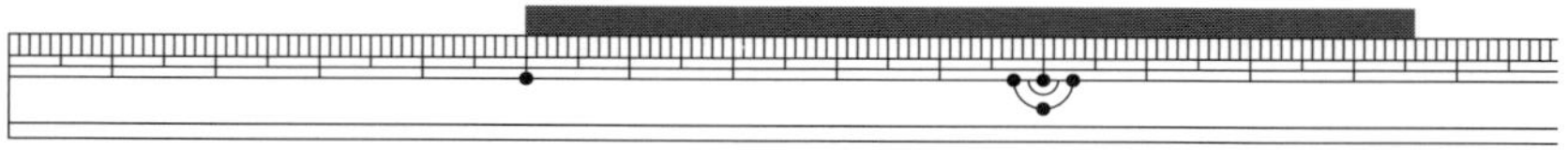
⑦	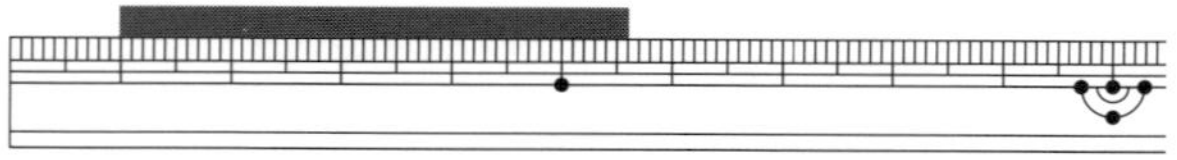	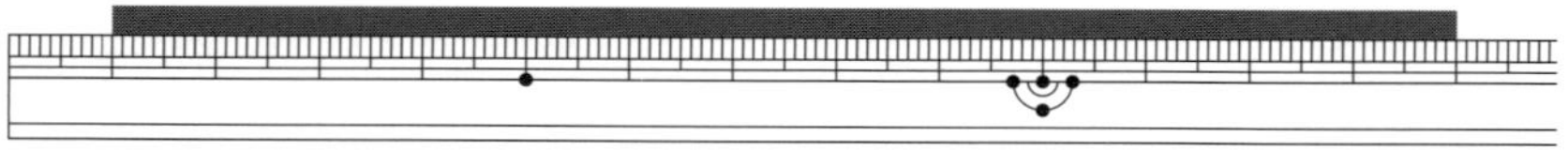

※１分間《ぶんかん》にどこまで言《い》えるかな？　目ひょうは１分で14問《もん》
※じっさいのものさしよりしゅく小してあります。（Ａ４への拡大印刷が望ましいです。）

4 ━━の長《なが》さは，何《なん》cm何mmですか

年《ねん》　組《くみ》　番《ばん》　名前《なまえ》

■こたえ

	○	◎
①	4 cm	12cm
②	8 cm	10cm
③	7 cm	13cm 2 mm
④	5 cm	14cm 5 mm
⑤	3 cm 2 mm	11cm 3 mm
⑥	8 cm 7 mm	8 cm 6 mm
⑦	4 cm 6 mm	13cm

■きろくひょう

月／日	何《なん》　こ	月／日	何　こ
／		／	
／		／	
／		／	
／		／	
／		／	
／		／	
／		／	
／		／	
／		／	
／		／	
／		／	
／		／	
／		／	
／		／	
／		／	
／		／	

いくつできたか　きろくしましょう。

年《ねん》　組《くみ》　番《ばん》　名前《なまえ》

5 たんいの言《い》いかえ　cm　mm　たし算《ざん》ひき算《ざん》

	○	●	◎
①	1 cm＝□mm	17mm＝□cm□mm	3 cm 4 mm＋2 mm＝
②	2 cm＝□mm	3 cm 5 mm＝□mm	5 cm 4 mm＋2 cm＝
③	3 cm＝□mm	2 cm 4 mm＝□mm	6 cm 5 mm＋3 mm＝
④	1 cm 4 mm＝□mm	87mm＝□cm□mm	2 cm 7 mm＋3 cm＝
⑤	2 cm 6 mm＝□mm	120mm＝□cm	7 cm 2 mm＋4 cm＝
⑥	18mm＝□cm□mm	10cm＝□mm	8 cm 9 mm－7 mm＝
⑦	29mm＝□cm□mm	10cm 3 mm＝□mm	9 cm 8 mm－7 cm＝
⑧	50mm＝□cm	108mm＝□cm□mm	10cm 4 mm－3 cm＝

※1分間《ぷんかん》にどこまで言《い》えるかな？　目ひょうは1分で16問《もん》

5 たんいの言《い》いかえ　cm　mm　たし算《ざん》ひき算《ざん》

年《ねん》　組《くみ》　番《ばん》　名前《なまえ》

こたえ

	○	●	◎
①	1 cm＝□mm 10mm	17mm＝□cm□mm 1 cm 7 mm	3 cm 4 mm＋2 mm＝ 3 cm 6 mm
②	2 cm＝□mm 20mm	3 cm 5 mm＝□mm 35mm	5 cm 4 mm＋2 cm＝ 7 cm 4 mm
③	3 cm＝□mm 30mm	2 cm 4 mm＝□mm 24mm	6 cm 5 mm＋3 mm＝ 6 cm 8 mm
④	1 cm 4 mm＝□mm 14mm	87mm＝□cm□mm 8 cm 7 mm	2 cm 7 mm＋3 cm＝ 5 cm 7 mm
⑤	2 cm 6 mm＝□mm 26mm	120mm＝□cm 12cm	7 cm 2 mm＋4 cm＝ 11cm 2 mm
⑥	18mm＝□cm□mm 1 cm 8 mm	10cm＝□mm 100mm	8 cm 9 mm－7 mm＝ 8 cm 2 mm
⑦	29mm＝□cm□mm 2 cm 9 mm	10cm 3 mm＝□mm 103mm	9 cm 8 mm－7 cm＝ 2 cm 8 mm
⑧	50mm＝□cm 5 cm	108mm＝□cm□mm 10cm 8 mm	10cm 4 mm－3 cm＝ 7 cm 4 mm

きろくひょう

月／日	何《なん》　こ	月／日	何　こ
／		／	
／		／	
／		／	
／		／	
／		／	
／		／	
／		／	
／		／	
／		／	
／		／	
／		／	
／		／	
／		／	
／		／	
／		／	
／		／	

いくつできたか　きろくしましょう。

年《ねん》　組《くみ》　番《ばん》　名前《なまえ》

6 ⑩が何《なん》こでいくつ

「⑩がいくつで」と言《い》ってからこたえます。

	○		◎
①	⑩⑩⑩⑩⑩⑩⑩⑩⑩⑩ ⑩⑩⑩⑩⑩⑩⑩⑩⑩⑩	⑩が20こで いくつ ［　　］	200は ⑩を［　　］こ あつめた数《かず》です。
②	⑩⑩⑩⑩⑩⑩⑩⑩⑩⑩ ⑩⑩⑩⑩	⑩が14こで ［　　］	350は ⑩を［　　］こ あつめた数です。
③	⑩⑩⑩⑩⑩⑩⑩⑩⑩⑩ ⑩⑩⑩⑩⑩⑩⑩⑩⑩⑩ ⑩⑩⑩⑩⑩⑩⑩⑩⑩⑩	⑩が30こで ［　　］	230は ⑩を［　　］こ あつめた数です。
④	⑩⑩⑩⑩⑩⑩⑩⑩⑩⑩ ⑩⑩⑩⑩⑩⑩⑩⑩⑩⑩ ⑩⑩⑩⑩⑩⑩	⑩が26こで ［　　］	⑩が42こで ［　　］
⑤	⑩⑩⑩⑩⑩⑩⑩⑩⑩⑩ ⑩⑩⑩⑩⑩⑩⑩⑩⑩⑩ ⑩⑩⑩⑩⑩⑩⑩⑩⑩	⑩が29こで ［　　］	⑩が27こで ［　　］
⑥	⑩⑩⑩⑩⑩⑩⑩⑩⑩⑩ ⑩⑩⑩⑩⑩⑩⑩⑩⑩⑩ ⑩⑩⑩⑩⑩⑩⑩⑩⑩⑩ ⑩⑩⑩⑩⑩⑩⑩	⑩が37こで ［　　］	300は ⑩を［　　］こ あつめた数です。

6 ⑩が何《なん》こでいくつ

年《ねん》　組《くみ》　番《ばん》　名前《なまえ》

きろくひょう

月／日	何《なん》　こ	月／日	何　こ	月／日	何　こ	月／日	何　こ
／		／		／		／	
／		／		／		／	
／		／		／		／	
／		／		／		／	
／		／		／		／	
／		／		／		／	

いくつできたか　きろくしましょう。

こたえ

	○		◎
①	⑩⑩⑩⑩⑩⑩⑩⑩⑩⑩ ⑩⑩⑩⑩⑩⑩⑩⑩⑩⑩	⑩が20こで 200	200は⑩を 20こ あつめた数《かず》です。
②	⑩⑩⑩⑩⑩⑩⑩⑩⑩⑩ ⑩⑩⑩⑩	⑩が14こで 140	350は⑩を 35こ あつめた数です。
③	⑩⑩⑩⑩⑩⑩⑩⑩⑩⑩ ⑩⑩⑩⑩⑩⑩⑩⑩⑩⑩ ⑩⑩⑩⑩⑩⑩⑩⑩⑩⑩	⑩が30こで 300	230は⑩を 23こ あつめた数です。
④	⑩⑩⑩⑩⑩⑩⑩⑩⑩⑩ ⑩⑩⑩⑩⑩⑩⑩⑩⑩⑩ ⑩⑩⑩⑩⑩⑩	⑩が26こで 260	⑩が42こで 420
⑤	⑩⑩⑩⑩⑩⑩⑩⑩⑩⑩ ⑩⑩⑩⑩⑩⑩⑩⑩⑩⑩ ⑩⑩⑩⑩⑩⑩⑩⑩⑩	⑩が29こで 290	⑩が27こで 270
⑥	⑩⑩⑩⑩⑩⑩⑩⑩⑩⑩ ⑩⑩⑩⑩⑩⑩⑩⑩⑩⑩ ⑩⑩⑩⑩⑩⑩⑩⑩⑩⑩ ⑩⑩⑩⑩⑩⑩⑩	⑩が37こで 370	300は⑩を 30こ あつめた数です。

年《ねん》　組《くみ》　番《ばん》　名前《なまえ》

7 はしから　じゅんじょよく　数《かず》を言《い》いましょう

へっていくもんだいに　ちゅういしましょう。

○	◎
① 280 290 300 □ 320 □ 340 350	⑧ 300 □ 500 600 700 □ 900 □
② 360 □ 380 390 □ 410 420 □	⑨ 1000 □ 980 970 960 □ 940 □
③ 70 □ 90 100 □ 120 □ 140	⑩ □ 940 950 960 □ 980 990 □
④ 140 □ 160 170 180 □ 200 □	⑪ 150 □ 130 120 110 □ 90 □
⑤ 550 560 □ 580 590 600 □ 620	⑫ 400 450 □ 550 □ 650 700 □
⑥ 940 950 960 □ 980 990 □ 1010	⑬ 230 220 □ 200 □ 180 170 □
⑦ 120 130 □ 150 □ 170 □ 190	⑭ □ 900 800 700 □ 500 400 □

7 はしから　じゅんじょよく　数《かず》を言《い》いましょう

年《ねん》　組《くみ》　番《ばん》　名前《なまえ》

こたえ

○	◎
① 280 290 300 [310] 320 [330] 340 350	⑧ 300 [400] 500 600 700 [800] 900 [1000]
② 360 [370] 380 390 [400] 410 420 [430]	⑨ 1000 [990] 980 970 960 [950] 940 [930]
③ 70 [80] 90 100 [110] 120 [130] 140	⑩ [930] 940 950 960 [970] 980 990 [1000]
④ 140 [150] 160 170 180 [190] 200 [210]	⑪ 150 [140] 130 120 110 [100] 90 [80]
⑤ 550 560 [570] 580 590 600 [610] 620	⑫ 400 450 [500] 550 [600] 650 700 [750]
⑥ 940 950 960 [970] 980 990 [1000] 1010	⑬ 230 220 [210] 200 [190] 180 170 [160]
⑦ 120 130 [140] 150 [160] 170 [180] 190	⑭ [1000] 900 800 700 [600] 500 400 [300]

きろくひょう

月／日	何《なん》　こ	月／日	何　こ
／		／	
／		／	
／		／	
／		／	
／		／	
／		／	
／		／	
／		／	
／		／	
／		／	
／		／	
／		／	
／		／	
／		／	
／		／	
／		／	

いくつできたか　きろくしましょう。

年《ねん》　組《くみ》　番《ばん》　名前《なまえ》

8 1000までの数《かず》の直線《ちょくせん》

ホオヅキ

番《ばん》ごうと↑のところの数を言《い》いましょう。 ※数回《すうかい》やったら次《つぎ》はウから始《はじ》めましょう。

ア　①はじめに，大《おお》きい目もりの数字《すうじ》を0から言いましょう。

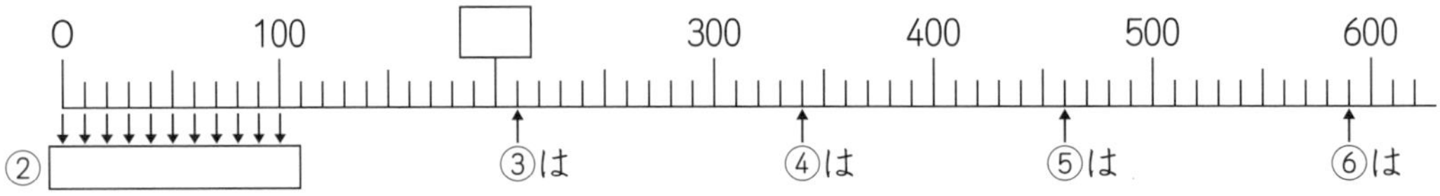

イ　⑦はじめに，大きい目もりの数字を300から言いましょう。

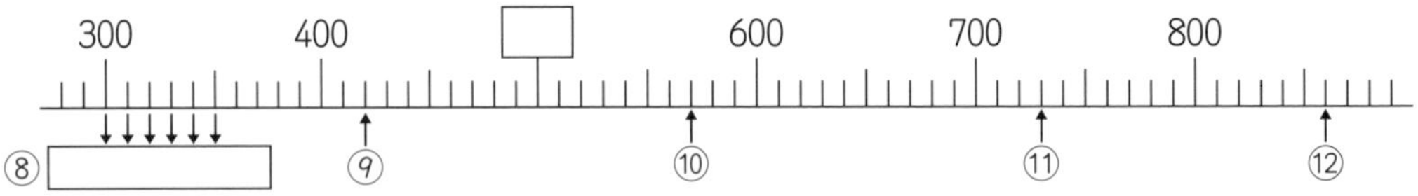

ウ　⑬はじめに，大きい目もりの数字を100から言いましょう。

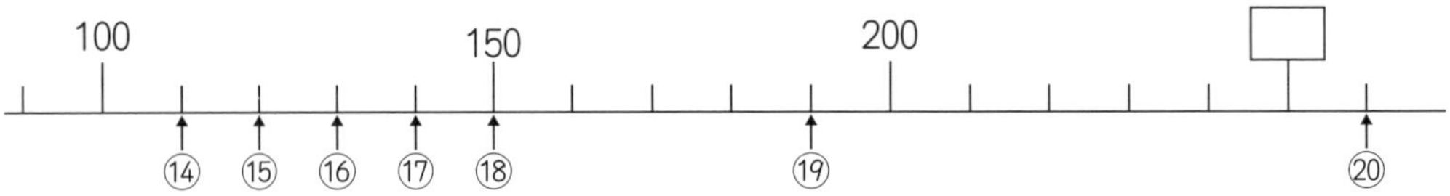

エ

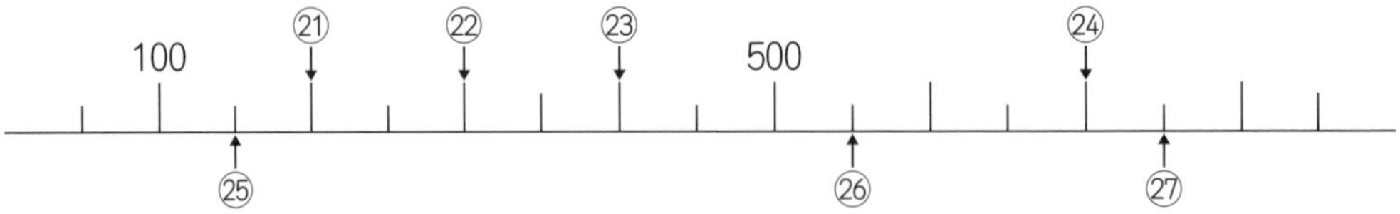

オ

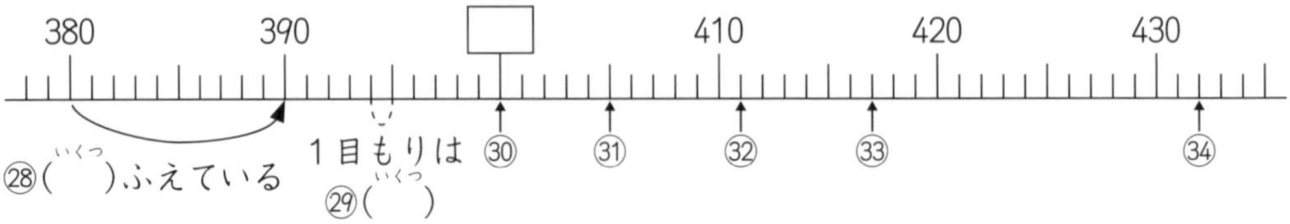

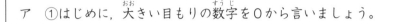

8 1000までの数《かず》の直線《ちょくせん》

年《ねん》　組《くみ》　番《ばん》　名前《なまえ》

■きろくひょう

月／日	何《なん》　こ	月／日	何　こ	月／日	何　こ	月／日	何　こ
／		／		／		／	
／		／		／		／	
／		／		／		／	
／		／		／		／	
／		／		／		／	
／		／		／		／	

いくつできたか　きろくしましょう。

ホオヅキ

■こたえ

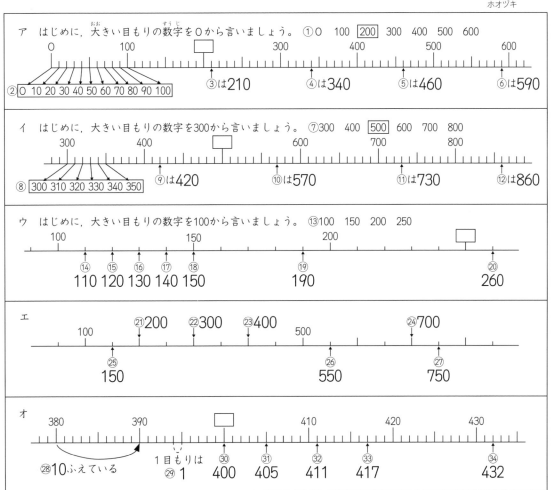

ア　はじめに，大《おお》きい目もりの数字《すうじ》を0から言いましょう。　①0　100　[200]　300　400　500　600

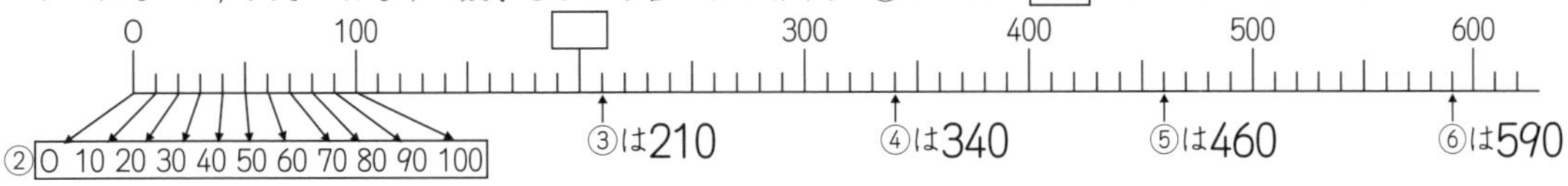

イ　はじめに，大きい目もりの数字を300から言いましょう。　⑦300　400　[500]　600　700　800

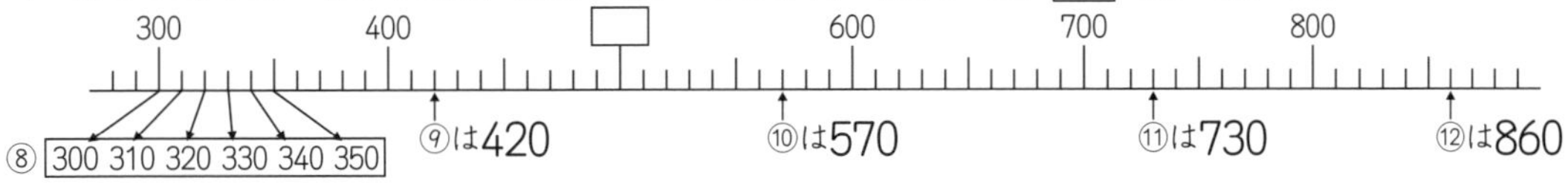

ウ　はじめに，大きい目もりの数字を100から言いましょう。　⑬100　150　200　250

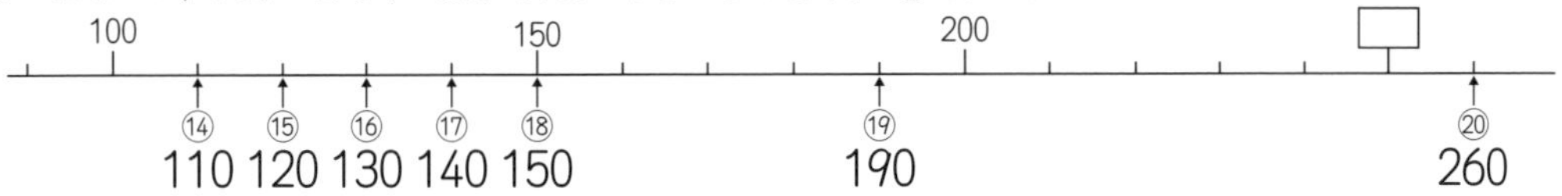

エ

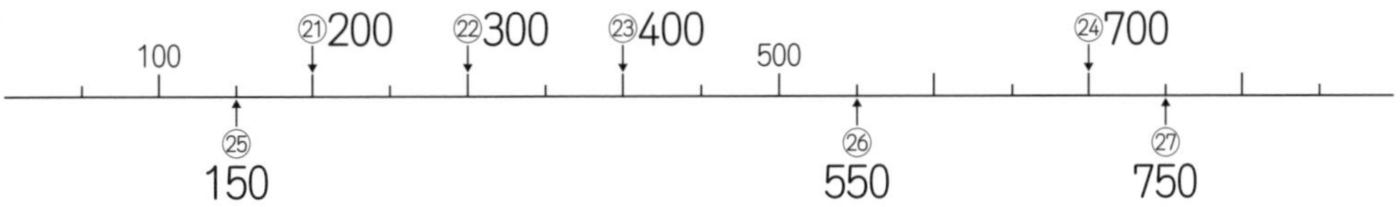

オ

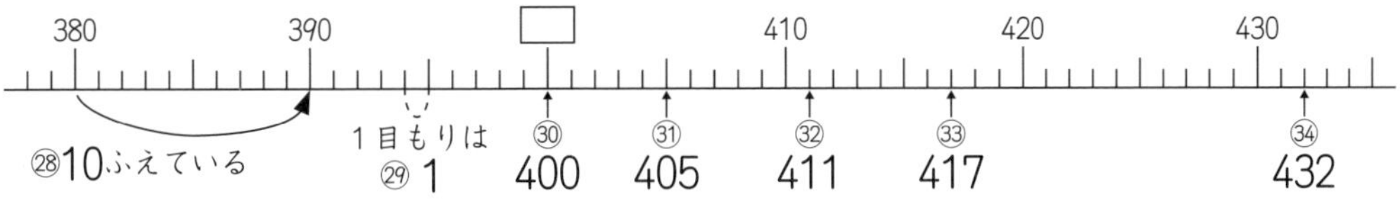

年《ねん》　組《くみ》　番《ばん》　名前《なまえ》

9 何十一□《なんじゅうひくいくつ》

〈れい〉「から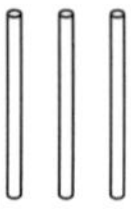本とると」は，30－3＝27と言《い》います。

	○	◎
①	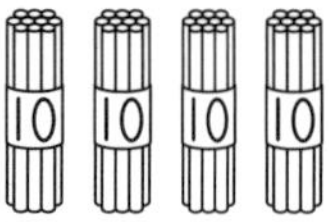から本とると	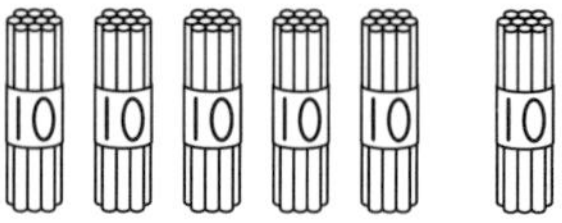－《ひく》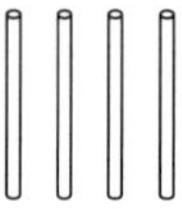＝
②	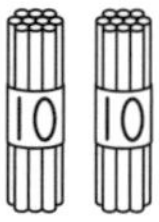－《ひく》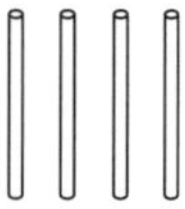＝	－＝
③	－《ひく》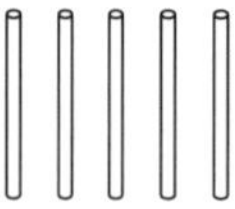＝	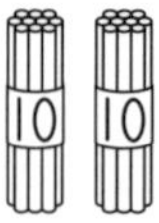－＝
④	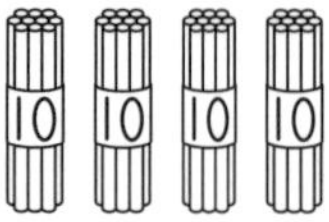－《ひく》＝	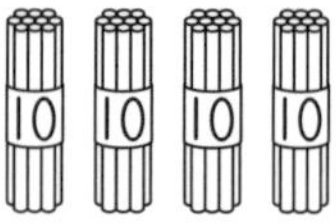－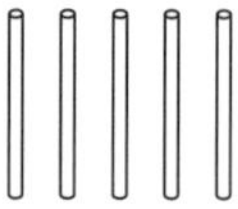＝
⑤	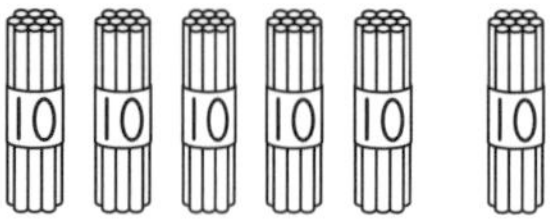－《ひく》＝	－＝
⑥	－《ひく》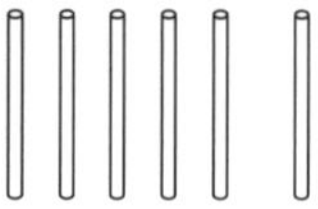＝	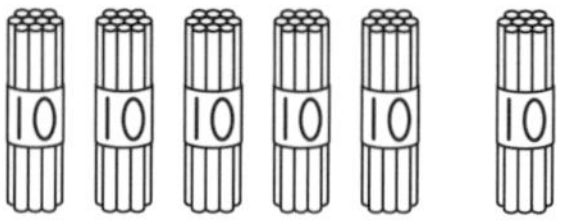－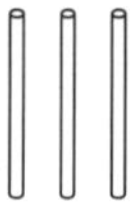＝
⑦	40－1＝	80－9＝
⑧	60－7＝	70－8＝
⑨	90－4＝	100－6＝

9 何十一《なんじゅうひくいくつ》□

年《ねん》　組《くみ》　番《ばん》　名前《なまえ》

きろくひょう

月／日	何《なん》　こ	月／日	何　こ	月／日	何　こ	月／日	何　こ
／		／		／		／	
／		／		／		／	
／		／		／		／	
／		／		／		／	
／		／		／		／	
／		／		／		／	

いくつできたか　きろくしましょう。

こたえ

	○	◎
①	から　本とると　40－2＝38	－　＝　60－4＝56
②	－　＝　20－4＝16	－　＝　50－1＝49
③	－　＝　50－5＝45	－　＝　20－2＝18
④	－　＝　40－2＝38	－　＝　40－5＝35
⑤	－　＝　60－1＝59	－　＝　100－1＝99
⑥	－　＝　30－6＝24	－　＝　60－3＝57
⑦	40－1＝39	80－9＝71
⑧	60－7＝53	70－8＝62
⑨	90－4＝86	100－6＝94

年《ねん》　組《くみ》　番《ばん》　名前《なまえ》

10　何十＋何十《なんじゅうたすなんじゅう》，何十－何十《なんじゅうひくなんじゅう》　百の位《くらい》へのくり上がりくり下がり

	○	●	◎	❁
①	⑩　⑩⑩ 10＋20	70＋20	90＋40	20＋90
②	⑩⑩⑩　⑩⑩⑩ 30＋30	50＋20	30＋70	60＋60
③	60＋20	30＋50	50＋70	80＋60
④	40＋50	40＋40	70＋60	60＋90
⑤	60＋40	10＋80	80＋80	90＋90
⑥	90－40	70－30	100－30	140－70
⑦	30－10	80－20	100－90	130－80
⑧	70－40	80－50	100－20	120－60
⑨	50－40	90－70	100－70	110－30
⑩	60－60	60－40	100－60	180－90

※1分間《ぶんかん》にどこまで言《い》えるかな？　目ひょうは1分で30問《もん》

10 何十＋何十《なんじゅうたすなんじゅう》，何十－何十《なんじゅうひくなんじゅう》 百の位《くらい》へのくり上がりくり下がり

年《ねん》　組《くみ》　番《ばん》　名前《なまえ》

きろくひょう

月／日	何《なん》　こ	月／日	何　こ	月／日	何　こ	月／日	何　こ
／		／		／		／	
／		／		／		／	
／		／		／		／	
／		／		／		／	
／		／		／		／	
／		／		／		／	

いくつできたか　きろくしましょう。

こたえ

	○	●	◎	❀
①	10＋20 30	70＋20 90	90＋40 130	20＋90 110
②	30＋30 60	50＋20 70	30＋70 100	60＋60 120
③	60＋20 80	30＋50 80	50＋70 120	80＋60 140
④	40＋50 90	40＋40 80	70＋60 130	60＋90 150
⑤	60＋40 100	10＋80 90	80＋80 160	90＋90 180
⑥	90－40 50	70－30 40	100－30 70	140－70 70
⑦	30－10 20	80－20 60	100－90 10	130－80 50
⑧	70－40 30	80－50 30	100－20 80	120－60 60
⑨	50－40 10	90－70 20	100－70 30	110－30 80
⑩	60－60 0	60－40 20	100－60 40	180－90 90

年《ねん》　組《くみ》　番《ばん》　名前《なまえ》

11 十《じゅう》いくつ+□《たすいくつ》，十《じゅう》いくつ−□《ひくいくつ》　くり上がりくり下がり

数回《すうかい》やったら次《つぎ》は◎から始《はじ》めましょう。

	○	●	◎	❁
①	11＋3	15＋8	11＋9	16＋8
②	14＋4	18＋3	12＋9	15＋9
③	15＋2	17＋7	19＋4	16＋9
④	12＋8	15＋6	17＋5	19＋8
⑤	13＋3	16＋4	18＋6	14＋7
⑥	14－3	15－1	16－7	17－9
⑦	17－2	19－2	14－6	12－8
⑧	17－7	17－5	14－9	13－7
⑨	15－4	18－8	18－9	15－6
⑩	18－4	19－4	11－4	16－9

※1分間《ぶんかん》にどこまで言《い》えるかな？　目ひょうは1分で40問《もん》

11 十《じゅう》いくつ+□《たすいくつ》，十《じゅう》いくつ−□《ひくいくつ》 くり上がりくり下がり

年《ねん》　組《くみ》　番《ばん》　名前《なまえ》

■きろくひょう

月／日	何《なん》　こ	月／日	何　こ	月／日	何　こ	月／日	何　こ
／		／		／		／	
／		／		／		／	
／		／		／		／	
／		／		／		／	
／		／		／		／	
／		／		／		／	

いくつできたか　きろくしましょう。

■こたえ

	○	●	◎	❁
①	11＋3 14	15＋8 23	11＋9 20	16＋8 24
②	14＋4 18	18＋3 21	12＋9 21	15＋9 24
③	15＋2 17	17＋7 24	19＋4 23	16＋9 25
④	12＋8 20	15＋6 21	17＋5 22	19＋8 27
⑤	13＋3 16	16＋4 20	18＋6 24	14＋7 21
⑥	14－3 11	15－1 14	16－7 9	17－9 8
⑦	17－2 15	19－2 17	14－6 8	12－8 4
⑧	17－7 10	17－5 12	14－9 5	13－7 6
⑨	15－4 11	18－8 10	18－9 9	15－6 9
⑩	18－4 14	19－4 15	11－4 7	16－9 7

年《ねん》 組《くみ》 番《ばん》 名前《なまえ》

12 ひき算《ざん》 何十ー何十《なんじゅうひくなんじゅう》

学しゅうのしんどに合《あ》わせて，たてのれつをきめて れんしゅうしましょう。

	○	●	◎	✿
①	20−10	40−20	27− 7	47−40
②	50−20	70−10	39− 9	85−40
③	30−30	60−30	45− 2	53−20
④	50−10	80−40	27− 3	68−60
⑤	40−30	50−40	78− 4	75−30
⑥	90−40	60−10	48− 6	96−20
⑦	80−50	70−30	38− 5	97−50
⑧	60−40	70−60	45− 4	86−20
⑨	80−10	50−30	77− 5	75−60
⑩	60−50	90−70	89− 6	92−70

※１分間《ぷんかん》にどこまで言《い》えるかな？ 目ひょうは１分で40問《もん》

12 ひき算《ざん》 何十−何十《なんじゅうひくなんじゅう》

年《ねん》　組《くみ》　番《ばん》　名前《なまえ》

きろくひょう

月／日	何《なん》　こ	月／日	何　こ	月／日	何　こ	月／日	何　こ
／		／		／		／	
／		／		／		／	
／		／		／		／	
／		／		／		／	
／		／		／		／	
／		／		／		／	

いくつできたか　きろくしましょう。

こたえ

	○	●	◎	❁
①	20−10 10	40−20 20	27−7 20	47−40 7
②	50−20 30	70−10 60	39−9 30	85−40 45
③	30−30 0	60−30 30	45−2 43	53−20 33
④	50−10 40	80−40 40	27−3 24	68−60 8
⑤	40−30 10	50−40 10	78−4 74	75−30 45
⑥	90−40 50	60−10 50	48−6 42	96−20 76
⑦	80−50 30	70−30 40	38−5 33	97−50 47
⑧	60−40 20	70−60 10	45−4 41	86−20 66
⑨	80−10 70	50−30 20	77−5 72	75−60 15
⑩	60−50 10	90−70 20	89−6 83	92−70 22

年《ねん》　組《くみ》　番《ばん》　名前《なまえ》

13 2けたのひき算《ざん》

	○	●	◎	❁
①	21－9	46－8	52－40	31－4
②	23－9	80－7	73－50	92－4
③	47－9	34－7	83－43	74－6
④	52－8	41－7	90－20	57－8
⑤	27－8	38－9	91－20	61－5
⑥	44－8	42－6	83－4	25－7
⑦	32－9	21－6	96－8	73－8
⑧	70－6	76－9	74－5	83－7
⑨	80－9	34－9	27－9	45－6
⑩	55－8	61－5	56－7	64－8

※1分間《ぶんかん》にどこまで言《い》えるかな？　目ひょうは1分で40問《もん》

13 2けたのひき算《ざん》

年《ねん》　組《くみ》　番《ばん》　名前《なまえ》

きろくひょう

月／日	何《なん》　こ	月／日	何　こ	月／日	何　こ	月／日	何　こ
／		／		／		／	
／		／		／		／	
／		／		／		／	
／		／		／		／	
／		／		／		／	
／		／		／		／	

いくつできたか　きろくしましょう。

こたえ

	○	●	◎	✿
①	21－9 12	46－8 38	52－40 12	31－4 27
②	23－9 14	80－7 73	73－50 23	92－4 88
③	47－9 38	34－7 27	83－43 40	74－6 68
④	52－8 44	41－7 34	90－20 70	57－8 49
⑤	27－8 19	38－9 29	91－20 71	61－5 56
⑥	44－8 36	42－6 36	83－4 79	25－7 18
⑦	32－9 23	21－6 15	96－8 88	73－8 65
⑧	70－6 64	76－9 67	74－5 69	83－7 76
⑨	80－9 71	34－9 25	27－9 18	45－6 39
⑩	55－8 47	61－5 56	56－7 49	64－8 56

年《ねん》　組《くみ》　番《ばん》　名前《なまえ》

14 何十−□《なんじゅうひくいくつ》，何十何−□《なんじゅうなにひくいくつ》

○	●	□	◎	❁
① 20 − 2	⑦ 30 − 5	⑬ 40 − 1	⑲ 80 − 3	㉕ 40 − 8
② 20 − 3	⑧ 30 − 4	⑭ 40 − 4	⑳ 80 − 5	㉖ 30 − 3
③ 20 − 1	⑨ 30 − 2	⑮ 40 − 5	㉑ 70 − 2	㉗ 67 − 4
④ 20 − 8	⑩ 30 − 6	⑯ 50 − 9	㉒ 79 − 8	㉘ 60 − 7
⑤ 20 − 7	⑪ 30 − 3	⑰ 50 − 6	㉓ 90 − 9	㉙ 90 − 1
⑥ 20 − 9	⑫ 30 − 7	⑱ 56 − 2	㉔ 90 − 6	㉚ 50 − 5

14 何十ー□《なんじゅうひくいくつ》，何十何ー□《なんじゅうなにひくいくつ》

年《ねん》　組《くみ》　番《ばん》　名前《なまえ》

きろくひょう

月／日	何《なん》　こ	月／日	何　こ	月／日	何　こ	月／日	何　こ
／		／		／		／	
／		／		／		／	
／		／		／		／	
／		／		／		／	
／		／		／		／	
／		／		／		／	

いくつできたか　きろくしましょう。

こたえ

○	●	□	◎	❀
① 20 − 2 = 18	⑦ 30 − 5 = 25	⑬ 40 − 1 = 39	⑲ 80 − 3 = 77	㉕ 40 − 8 = 32
② 20 − 3 = 17	⑧ 30 − 4 = 26	⑭ 40 − 4 = 36	⑳ 80 − 5 = 75	㉖ 30 − 3 = 27
③ 20 − 1 = 19	⑨ 30 − 2 = 28	⑮ 40 − 5 = 35	㉑ 70 − 2 = 68	㉗ 67 − 4 = 63
④ 20 − 8 = 12	⑩ 30 − 6 = 24	⑯ 50 − 9 = 41	㉒ 79 − 8 = 71	㉘ 60 − 7 = 53
⑤ 20 − 7 = 13	⑪ 30 − 3 = 27	⑰ 50 − 6 = 44	㉓ 90 − 9 = 81	㉙ 90 − 1 = 89
⑥ 20 − 9 = 11	⑫ 30 − 7 = 23	⑱ 56 − 2 = 54	㉔ 90 − 6 = 84	㉚ 50 − 5 = 45

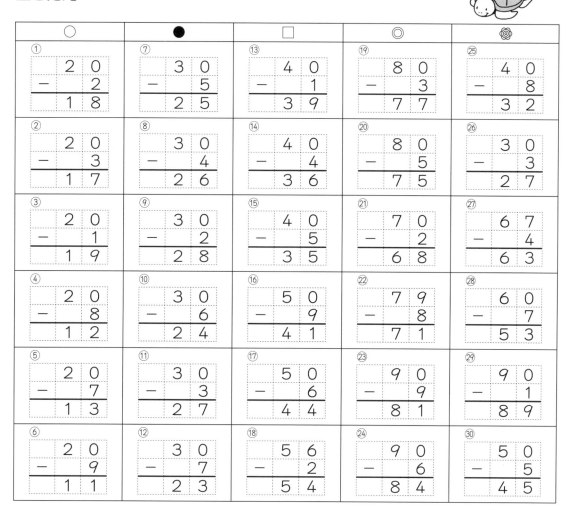

年《ねん》　組《くみ》　番《ばん》　名前《なまえ》

15 100−□《いくつ》

○	●	◎	❀
① 100 − 42	⑦ 100 − 1	⑬ 100 − 81	⑲ 100 − 13
② 100 − 43	⑧ 100 − 4	⑭ 100 − 63	⑳ 100 − 75
③ 100 − 11	⑨ 100 − 2	⑮ 100 − 55	㉑ 100 − 62
④ 100 − 18	⑩ 100 − 6	⑯ 100 − 19	㉒ 100 − 8
⑤ 100 − 67	⑪ 100 − 3	⑰ 100 − 68	㉓ 100 − 19
⑥ 100 − 59	⑫ 100 − 7	⑱ 100 − 9	㉔ 100 − 66

15 100−□《いくつ》

年《ねん》　組《くみ》　番《ばん》　名前《なまえ》

きろくひょう

月／日	何《なん》 こ	月／日	何 こ	月／日	何 こ	月／日	何 こ
／		／		／		／	
／		／		／		／	
／		／		／		／	
／		／		／		／	
／		／		／		／	
／		／		／		／	

いくつできたか　きろくしましょう。

こたえ

○	●	◎	✿
① 100 − 42 = 58	⑦ 100 − 1 = 99	⑬ 100 − 81 = 19	⑲ 100 − 13 = 87
② 100 − 43 = 57	⑧ 100 − 4 = 96	⑭ 100 − 63 = 37	⑳ 100 − 75 = 25
③ 100 − 11 = 89	⑨ 100 − 2 = 98	⑮ 100 − 55 = 45	㉑ 100 − 62 = 38
④ 100 − 18 = 82	⑩ 100 − 6 = 94	⑯ 100 − 19 = 81	㉒ 100 − 8 = 92
⑤ 100 − 67 = 33	⑪ 100 − 3 = 97	⑰ 100 − 68 = 32	㉓ 100 − 19 = 81
⑥ 100 − 59 = 41	⑫ 100 − 7 = 93	⑱ 100 − 9 = 91	㉔ 100 − 66 = 34

年《ねん》　組《くみ》　番《ばん》　名前《なまえ》

16 かけ算《ざん》九九①（5のだん　2のだん）

	○	●	◎	❁
①	5 × 2	2 × 2	5 × 7	2 × 7
②	5 × 3	2 × 3	5 × 4	2 × 6
③	5 × 4	2 × 9	5 × 3	2 × 1
④	5 × 5	2 × 7	5 × 8	2 × 3
⑤	5 × 6	2 × 6	5 × 9	2 × 2
⑥	5 × 7	2 × 5	5 × 2	2 × 9
⑦	5 × 8	2 × 8	5 × 5	2 × 5
⑧	5 × 5	2 × 4	5 × 6	2 × 7
⑨	5 × 9	2 × 1	5 × 1	2 × 4
⑩	5 × 1	2 × 5	5 × 7	2 × 8

※1分間《ぷんかん》にどこまで言《い》えるかな？

16 かけ算《さん》九九① (5のだん　2のだん)

年《ねん》　組《くみ》　番《ばん》　名前《なまえ》

きろくひょう

月／日	何《なん》　こ	月／日	何　こ	月／日	何　こ	月／日	何　こ
／		／		／		／	
／		／		／		／	
／		／		／		／	
／		／		／		／	
／		／		／		／	
／		／		／		／	

いくつできたか　きろくしましょう。

こたえ

	○	●	◎	❀
①	5×2 10	2×2 4	5×7 35	2×7 14
②	5×3 15	2×3 6	5×4 20	2×6 12
③	5×4 20	2×9 18	5×3 15	2×1 2
④	5×5 25	2×7 14	5×8 40	2×3 6
⑤	5×6 30	2×6 12	5×9 45	2×2 4
⑥	5×7 35	2×5 10	5×2 10	2×9 18
⑦	5×8 40	2×8 16	5×5 25	2×5 10
⑧	5×5 25	2×4 8	5×6 30	2×7 14
⑨	5×9 45	2×1 2	5×1 5	2×4 8
⑩	5×1 5	2×5 10	5×7 35	2×8 16

年《ねん》　組《くみ》　番《ばん》　名前《なまえ》

17 かけ算《ざん》九九②（3のだん　4のだん）

	○	●	◎	✿
①	3 × 2	4 × 3	3 × 9	4 × 9
②	3 × 3	4 × 2	3 × 8	4 × 8
③	3 × 6	4 × 9	3 × 7	4 × 7
④	3 × 7	4 × 7	3 × 6	4 × 6
⑤	3 × 5	4 × 1	3 × 5	4 × 5
⑥	3 × 9	4 × 5	3 × 4	4 × 4
⑦	3 × 1	4 × 8	3 × 3	4 × 3
⑧	3 × 4	4 × 4	3 × 2	4 × 2
⑨	3 × 7	4 × 6	3 × 1	4 × 1
⑩	3 × 8	4 × 7	3 × 7	4 × 8

※1分間《ぷんかん》にどこまで言《い》えるかな？

17 かけ算《ざん》九九② （3のだん　4のだん）

年《ねん》　組《くみ》　番《ばん》　名前《なまえ》

きろくひょう

月／日	何《なん》　こ	月／日	何　こ	月／日	何　こ	月／日	何　こ
／		／		／		／	
／		／		／		／	
／		／		／		／	
／		／		／		／	
／		／		／		／	
／		／		／		／	

いくつできたか　きろくしましょう。

こたえ

	○	●	◎	✿
①	3 × 2 6	4 × 3 12	3 × 9 27	4 × 9 36
②	3 × 3 9	4 × 2 8	3 × 8 24	4 × 8 32
③	3 × 6 18	4 × 9 36	3 × 7 21	4 × 7 28
④	3 × 7 21	4 × 7 28	3 × 6 18	4 × 6 24
⑤	3 × 5 15	4 × 1 4	3 × 5 15	4 × 5 20
⑥	3 × 9 27	4 × 5 20	3 × 4 12	4 × 4 16
⑦	3 × 1 3	4 × 8 32	3 × 3 9	4 × 3 12
⑧	3 × 4 12	4 × 4 16	3 × 2 6	4 × 2 8
⑨	3 × 7 21	4 × 6 24	3 × 1 3	4 × 1 4
⑩	3 × 8 24	4 × 7 28	3 × 7 21	4 × 8 32

年《ねん》　組《くみ》　番《ばん》　名前《なまえ》

18 かけ算《ざん》九九③（6のだん　7のだん）

	○	●	◎	❁
①	6 × 5	7 × 2	6 × 9	7 × 9
②	6 × 3	7 × 4	6 × 8	7 × 8
③	6 × 4	7 × 9	6 × 7	7 × 7
④	6 × 2	7 × 6	6 × 6	7 × 6
⑤	6 × 8	7 × 7	6 × 5	7 × 5
⑥	6 × 1	7 × 3	6 × 4	7 × 4
⑦	6 × 2	7 × 1	6 × 3	7 × 3
⑧	6 × 9	7 × 6	6 × 2	7 × 2
⑨	6 × 6	7 × 8	6 × 1	7 × 1
⑩	6 × 7	7 × 5	6 × 7	7 × 4

※1分間《ぶんかん》にどこまで言《い》えるかな？

18 かけ算《ざん》九九③（6のだん　7のだん）

年《ねん》　組《くみ》　番《ばん》　名前《なまえ》

きろくひょう

月／日	何《なん》　こ	月／日	何　こ	月／日	何　こ	月／日	何　こ
／		／		／		／	
／		／		／		／	
／		／		／		／	
／		／		／		／	
／		／		／		／	
／		／		／		／	

いくつできたか　きろくしましょう。

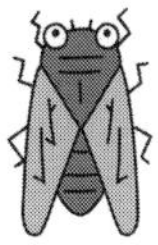

こたえ

	○	●	◎	✿
①	6 × 5 30	7 × 2 14	6 × 9 54	7 × 9 63
②	6 × 3 18	7 × 4 28	6 × 8 48	7 × 8 56
③	6 × 4 24	7 × 9 63	6 × 7 42	7 × 7 49
④	6 × 2 12	7 × 6 42	6 × 6 36	7 × 6 42
⑤	6 × 8 48	7 × 7 49	6 × 5 30	7 × 5 35
⑥	6 × 1 6	7 × 3 21	6 × 4 24	7 × 4 28
⑦	6 × 2 12	7 × 1 7	6 × 3 18	7 × 3 21
⑧	6 × 9 54	7 × 6 42	6 × 2 12	7 × 2 14
⑨	6 × 6 36	7 × 8 56	6 × 1 6	7 × 1 7
⑩	6 × 7 42	7 × 5 35	6 × 7 42	7 × 4 28

年《ねん》　組《くみ》　番《ばん》　名前《なまえ》

19 かけ算《ざん》九九④（8のだん　9のだん）

	○	●	◎	❁
①	8 × 4	9 × 2	8 × 9	9 × 9
②	8 × 3	9 × 4	8 × 8	9 × 8
③	8 × 6	9 × 9	8 × 7	9 × 7
④	8 × 5	9 × 1	8 × 6	9 × 6
⑤	8 × 2	9 × 6	8 × 5	9 × 5
⑥	8 × 7	9 × 8	8 × 4	9 × 4
⑦	8 × 8	9 × 3	8 × 3	9 × 3
⑧	8 × 1	9 × 4	8 × 2	9 × 2
⑨	8 × 9	9 × 7	8 × 1	9 × 1
⑩	8 × 6	9 × 5	8 × 7	9 × 4

※1分間《ぷんかん》にどこまで言《い》えるかな？

19 かけ算《ざん》九九④（8のだん　9のだん）

年《ねん》　組《くみ》　番《ばん》　名前《なまえ》

きろくひょう

月／日	何《なん》　こ	月／日	何　こ	月／日	何　こ	月／日	何　こ
／		／		／		／	
／		／		／		／	
／		／		／		／	
／		／		／		／	
／		／		／		／	
／		／		／		／	

いくつできたか　きろくしましょう。

こたえ

	○	●	◎	❁
①	8×4 32	9×2 18	8×9 72	9×9 81
②	8×3 24	9×4 36	8×8 64	9×8 72
③	8×6 48	9×9 81	8×7 56	9×7 63
④	8×5 40	9×1 9	8×6 48	9×6 54
⑤	8×2 16	9×6 54	8×5 40	9×5 45
⑥	8×7 56	9×8 72	8×4 32	9×4 36
⑦	8×8 64	9×3 27	8×3 24	9×3 27
⑧	8×1 8	9×4 36	8×2 16	9×2 18
⑨	8×9 72	9×7 63	8×1 8	9×1 9
⑩	8×6 48	9×5 45	8×7 56	9×4 36

年《ねん》　組《くみ》　番《ばん》　名前《なまえ》

20 かけ算《ざん》九九⑤　混合《こんごう》1

	○	●	◎	✿
①	2 × 4	3 × 3	2 × 7	4 × 7
②	3 × 2	4 × 4	6 × 4	1 × 6
③	5 × 9	5 × 4	8 × 3	2 × 8
④	4 × 5	6 × 6	6 × 8	5 × 3
⑤	8 × 2	4 × 8	7 × 3	6 × 2
⑥	6 × 3	2 × 3	8 × 2	8 × 7
⑦	7 × 4	3 × 7	7 × 5	5 × 5
⑧	2 × 6	9 × 2	4 × 9	4 × 3
⑨	8 × 9	4 × 6	1 × 1	9 × 4
⑩	6 × 7	9 × 5	8 × 8	7 × 6

※1分間《ぷんかん》にどこまで言《い》えるかな？

20 かけ算《ざん》九九⑤　混合《こんごう》1

年《ねん》　組《くみ》　番《ばん》　名前《なまえ》

きろくひょう

月／日	何《なん》　こ	月／日	何　こ	月／日	何　こ	月／日	何　こ
／		／		／		／	
／		／		／		／	
／		／		／		／	
／		／		／		／	
／		／		／		／	
／		／		／		／	

いくつできたか　きろくしましょう。

こたえ

	○	●	◎	✿
①	2×4 8	3×3 9	2×7 14	4×7 28
②	3×2 6	4×4 16	6×4 24	1×6 6
③	5×9 45	5×4 20	8×3 24	2×8 16
④	4×5 20	6×6 36	6×8 48	5×3 15
⑤	8×2 16	4×8 32	7×3 21	6×2 12
⑥	6×3 18	2×3 6	8×2 16	8×7 56
⑦	7×4 28	3×7 21	7×5 35	5×5 25
⑧	2×6 12	9×2 18	4×9 36	4×3 12
⑨	8×9 72	4×6 24	1×1 1	9×4 36
⑩	6×7 42	9×5 45	8×8 64	7×6 42

年《ねん》　組《くみ》　番《ばん》　名前《なまえ》

21 かけ算《ざん》九九⑥　混合《こんごう》2

	○	●	◎	❁
①	4 × 4	7 × 2	3 × 4	3 × 9
②	3 × 3	4 × 8	2 × 3	8 × 7
③	1 × 2	9 × 7	7 × 5	7 × 8
④	8 × 4	7 × 4	6 × 8	4 × 3
⑤	4 × 7	5 × 8	7 × 3	3 × 6
⑥	9 × 3	6 × 3	6 × 2	7 × 6
⑦	2 × 7	8 × 5	8 × 8	8 × 3
⑧	9 × 1	7 × 7	9 × 4	9 × 9
⑨	6 × 7	9 × 8	7 × 9	3 × 8
⑩	8 × 6	6 × 5	3 × 7	6 × 9

※1分間《ぶんかん》にどこまで言《い》えるかな？

※さらに習熟のために，3・4年巻に記載のあなあき九九を練習するとよいです。

21 かけ算《ざん》九九⑥　混合《こんごう》2

年《ねん》　組《くみ》　番《ばん》　名前《なまえ》

きろくひょう

月／日	何《なん》　こ	月／日	何　こ	月／日	何　こ	月／日	何　こ
／		／		／		／	
／		／		／		／	
／		／		／		／	
／		／		／		／	
／		／		／		／	
／		／		／		／	

いくつできたか　きろくしましょう。

こたえ

	○	●	◎	✿
①	4×4 16	7×2 14	3×4 12	3×9 27
②	3×3 9	4×8 32	2×3 6	8×7 56
③	1×2 2	9×7 63	7×5 35	7×8 56
④	8×4 32	7×4 28	6×8 48	4×3 12
⑤	4×7 28	5×8 40	7×3 21	3×6 18
⑥	9×3 27	6×3 18	6×2 12	7×6 42
⑦	2×7 14	8×5 40	8×8 64	8×3 24
⑧	9×1 9	7×7 49	9×4 36	9×9 81
⑨	6×7 42	9×8 72	7×9 63	3×8 24
⑩	8×6 48	6×5 30	3×7 21	6×9 54

年《ねん》　組《くみ》　番《ばん》　名前《なまえ》

22 ●の数《かず》は，いくつですか（かけ算《ざん》）

わけとしきと　こたえを言《い》いましょう。

① 2が　4こ分《ぶん》　あるので　しき

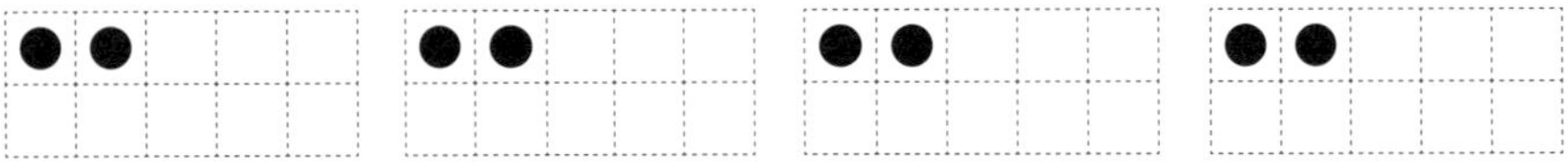

② □が　□こ分　あるので　しき

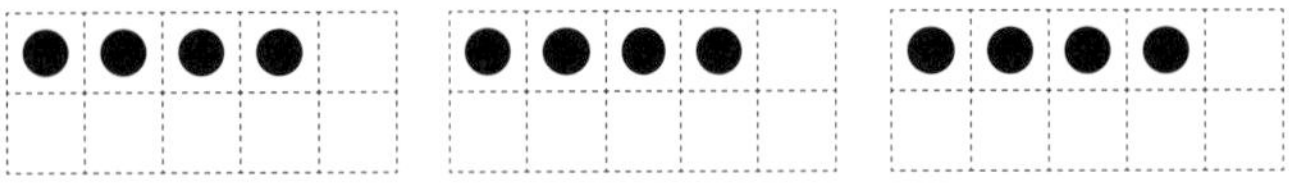

③ □が　□こ分　あるので　しき

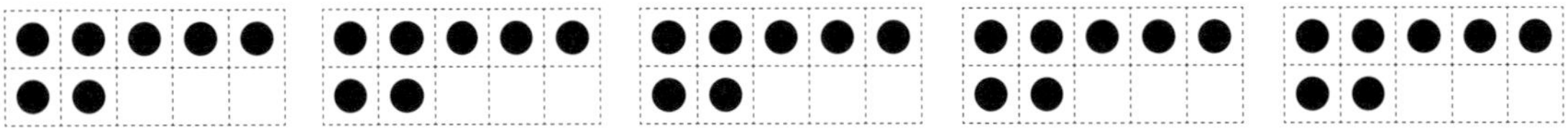

④ □が　□こ分　あるので　しき

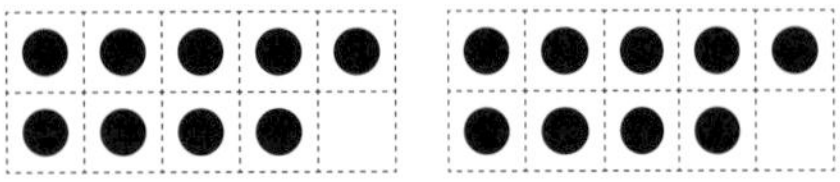

⑤ □が　□こ分　あるので　しき

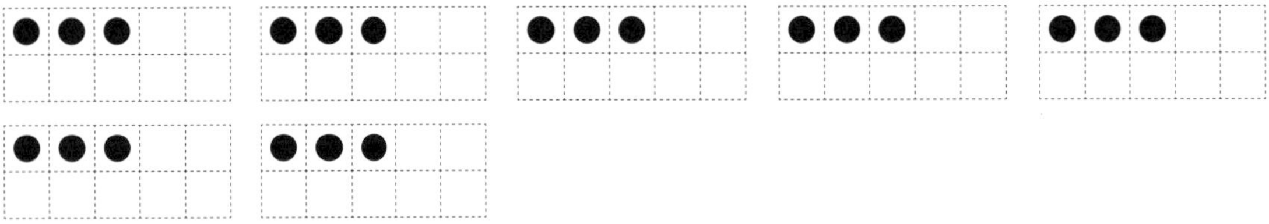

22 ●の数《かず》は，いくつですか(かけ算《ざん》)

年《ねん》　組《くみ》　番《ばん》　名前《なまえ》

きろくひょう

月／日	何《なん》　こ	月／日	何　こ	月／日	何　こ	月／日	何　こ
／		／		／		／	
／		／		／		／	
／		／		／		／	
／		／		／		／	
／		／		／		／	
／		／		／		／	

いくつできたか　きろくしましょう。

こたえ

① 2が　4こ分《ぶん》　あるので　$2 \times 4 = 8$

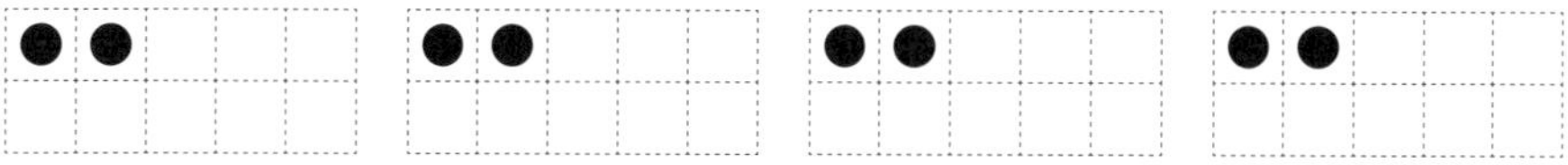

② 4が　3こ分　あるので　$4 \times 3 = 12$

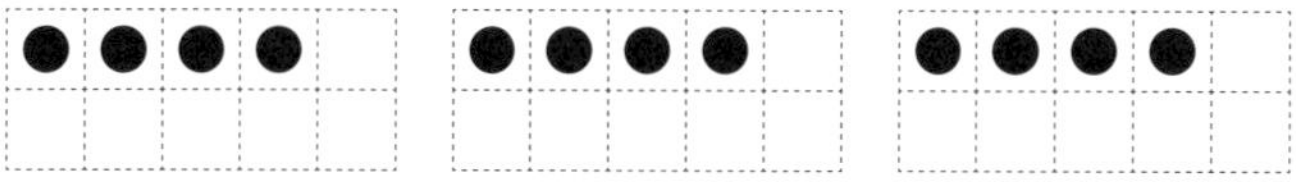

③ 7が　5こ分　あるので　$7 \times 5 = 35$

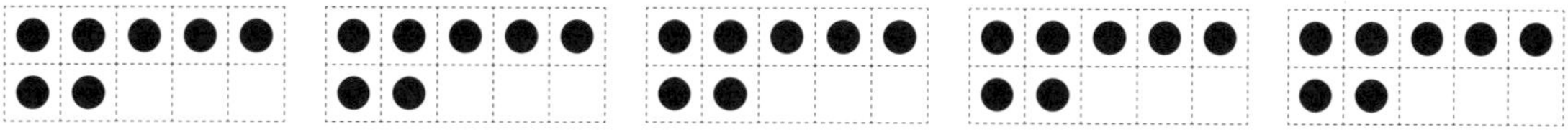

④ 9が　2こ分　あるので　$9 \times 2 = 18$

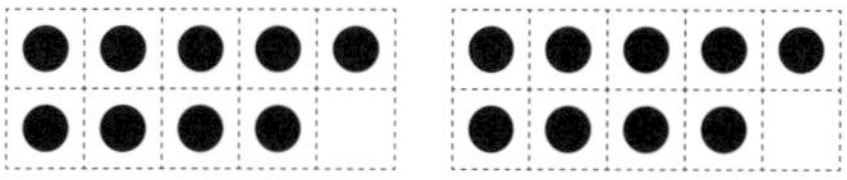

⑤ 3が　7こ分　あるので　$3 \times 7 = 21$

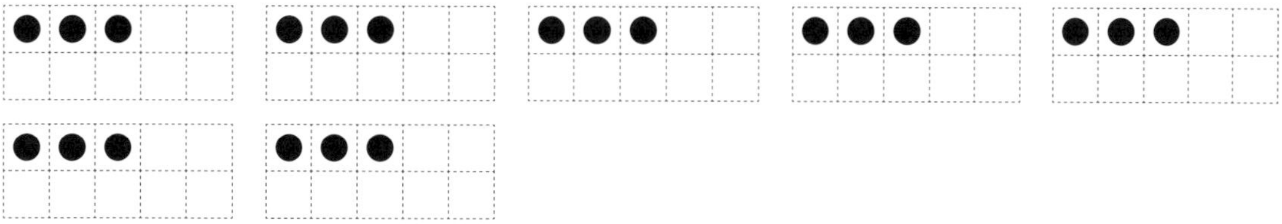

年《ねん》　組《くみ》　番《ばん》　名前《なまえ》

23 どちらが大きいですか

	○	●	わけも言《い》いましょう	◎ ちがいをもとめる　しきを言いましょう
①	72 と 68	5 cm と 62mm	□mm と 62mm だから	20 と 30　※20－30は まちがいです。
②	804 と 810	8 cm と 78mm	□mm と 78mm だから	45 と 55
③	890 と 908	6 cm と 9 mm	□mm と □mm だから	70 と 67
④	160 と 108	58dL と 7 L	58dL と □dL だから	67 と 76
⑤	891 と 896	37dL と 2 L	□dL と □dL だから	103 と 96
⑥	99 と 101	48dL と 5 L	□dL と □dL だから	340 と 430
⑦	690 と 609	41dL と 3 L	□dL と □dL だから	6 L 8 dL と 7 L 1 dL
⑧	81 と 77	6 L と 5000mL	□mL と □mL だから	6 L と 56dL
⑨	605 と 560	7 L と 8000mL	□mL と □mL だから	6 cm 7 mm と 7 cm
⑩	367 と 298	1000mL と 2 L	□mL と □mL だから	98mm と 10cm

※１分間《ぶんかん》にどこまで言《い》えるかな？　目ひょうは１分で30問《もん》

23 どちらが大きいですか

年《ねん》　組《くみ》　番《ばん》　名前《なまえ》

こたえ

	○	●	◎
①	72と68 72	5cmと62mm 50mmと62mmだから 62mm	20と30 30－20
②	804と810 810	8cmと78mm 80mmと78mmだから 8cm	45と55 55－45
③	890と908 908	6cmと9mm 60mmと9mmだから 6cm	70と67 70－67
④	160と108 160	58dLと7L 58dLと70dLだから 7L	67と76 76－67
⑤	891と896 896	37dLと2L 37dLと20dLだから 37dL	103と96 103－96
⑥	99と101 101	48dLと5L 48dLと50dLだから 5L	340と430 430－340
⑦	690と609 690	41dLと3L 41dLと30dLだから 41dL	6L8dLと7L1dL 7L1dL－6L8dL
⑧	81と77 81	6Lと5000mL 6000mLと5000mLだから 6L	6Lと56dL 6L－56dL
⑨	605と560 605	7Lと8000mL 7000mLと8000mLだから 8000mL	6cm7mmと7cm 7cm－6cm7mm
⑩	367と298 367	1000mLと2L 1000mLと2000mLだから 2L	98mmと10cm 10cm－98mm

きろくひょう

月／日	何《なん》　こ	月／日	何　こ
／		／	
／		／	
／		／	
／		／	
／		／	
／		／	
／		／	
／		／	
／		／	
／		／	
／		／	
／		／	
／		／	
／		／	
／		／	

いくつできたか　きろくしましょう。

24 たんいの言《い》いかえ　m　cm　mm

年《ねん》　組《くみ》　番《ばん》　名前《なまえ》

※はじめは学習《がくしゅう》した列《れつ》だけくり返《かえ》しましょう。

	○	●	◎
①	4 cm ＝ □mm	1 m ＝ □cm	140cm ＝ □m□cm
②	8 cm ＝ □mm	2 m ＝ □cm	102cm ＝ □m□cm
③	10cm ＝ □mm	1 m20cm ＝ □cm	260cm ＝ □m□cm
④	3 cm 4 mm ＝ □mm	1 m60cm ＝ □cm	206cm ＝ □m□cm
⑤	7 cm 5 mm ＝ □mm	2 m80cm ＝ □cm	5 m60cm ＝ □cm
⑥	52mm ＝ □cm□mm	2 m67cm ＝ □cm	6 m 3 cm ＝ □cm
⑦	59mm ＝ □cm□mm	3 m70cm ＝ □cm	409cm ＝ □m□cm
⑧	130mm ＝ □cm	3 m72cm ＝ □cm	510cm ＝ □m□cm

※ 1 分間《ぷんかん》にどこまで言《い》えるかな？　目ひょうは 1 分で24問《もん》

24 たんいの言《い》いかえ　m　cm　mm

こたえ

	○	●	◎
①	4cm ＝ □mm 40mm	1m ＝ □cm 100cm	140cm ＝ □m□cm 1m40cm
②	8cm ＝ □mm 80mm	2m ＝ □cm 200cm	102cm ＝ □m□cm 1m2cm
③	10cm ＝ □mm 100mm	1m20cm ＝ □cm 120cm	260cm ＝ □m□cm 2m60cm
④	3cm4mm ＝ □mm 34mm	1m60cm ＝ □cm 160cm	206cm ＝ □m□cm 2m6cm
⑤	7cm5mm ＝ □mm 75mm	2m80cm ＝ □cm 280cm	5m60cm ＝ □cm 560cm
⑥	52mm ＝ □cm□mm 5cm2mm	2m67cm ＝ □cm 267cm	6m3cm ＝ □cm 603cm
⑦	59mm ＝ □cm□mm 5cm9mm	3m70cm ＝ □cm 370cm	409cm ＝ □m□cm 4m9cm
⑧	130mm ＝ □cm 13cm	3m72cm ＝ □cm 372cm	510cm ＝ □m□cm 5m10cm

きろくひょう

月／日	何《なん》　こ	月／日	何　こ
／		／	
／		／	
／		／	
／		／	
／		／	
／		／	
／		／	
／		／	
／		／	
／		／	
／		／	
／		／	
／		／	
／		／	
／		／	
／		／	

いくつできたか　きろくしましょう。

年《ねん》　組《くみ》　番《ばん》　名前《なまえ》

25 たんいの言《い》いかえ　L　dL　mL

	○	●	◎
①	1 L ＝ □dL	10dL ＝ □ L	1 L ＝ □mL
②	2 L ＝ □dL	30dL ＝ □ L	2 L ＝ □mL
③	1 L 3 dL ＝ □dL	40dL ＝ □ L	1 dL ＝ □mL
④	1 L 7 dL ＝ □dL	42dL ＝ □ L □dL	2 dL ＝ □mL
⑤	3 L ＝ □dL	1000mL ＝ □ L	120mL ＝ □dL□mL
⑥	24dL ＝ □ L □dL	3000mL ＝ □ L	230mL ＝ □dL□mL
⑦	19dL ＝ □ L □dL	100mL ＝ □dL	250mL ＝ □dL□mL
⑧	34dL ＝ □ L □dL	200mL ＝ □dL	1 L 5 dL ＝ □dL

※１分間《ぷんかん》にどこまで言えるかな？　目ひょうは１分で16問《もん》

25 たんいの言《い》いかえ　L　dL　mL

年《ねん》　組《くみ》　番《ばん》　名前《なまえ》

こたえ

	○	●	◎
①	1 L ＝ □dL 10dL	10dL ＝ □L 1 L	1 L ＝ □mL 1000mL
②	2 L ＝ □dL 20dL	30dL ＝ □L 3 L	2 L ＝ □mL 2000mL
③	1 L 3 dL ＝ □dL 13dL	40dL ＝ □L 4 L	1 dL ＝ □mL 100mL
④	1 L 7 dL ＝ □dL 17dL	42dL ＝ □L□dL 4 L 2 dL	2 dL ＝ □mL 200mL
⑤	3 L ＝ □dL 30dL	1000mL ＝ □L 1 L	120mL ＝ □dL□mL 1 dL20mL
⑥	24dL ＝ □L□dL 2 L 4 dL	3000mL ＝ □L 3 L	230mL ＝ □dL□mL 2 dL30mL
⑦	19dL ＝ □L□dL 1 L 9 dL	100mL ＝ □dL 1 dL	250mL ＝ □dL□mL 2 dL50mL
⑧	34dL ＝ □L□dL 3 L 4 dL	200mL ＝ □dL 2 dL	1 L 5 dL ＝ □dL 15dL

きろくひょう

月／日	何《なん》　こ	月／日	何　こ
／		／	
／		／	
／		／	
／		／	
／		／	
／		／	
／		／	
／		／	
／		／	
／		／	
／		／	
／		／	
／		／	
／		／	
／		／	
／		／	

いくつできたか　きろくしましょう。

年《ねん》　組《くみ》　番《ばん》　名前《なまえ》

26 たんいの言《い》いかえ cm m L dL mL

	○	●	◎
①	1 L ＝ □dL	2 m ＝ □cm	1 L ＝ □mL
②	3 L ＝ □dL	1 m ＝ □cm	3 L ＝ □mL
③	1 L 5 dL ＝ □dL	1 m31cm ＝ □cm	6 dL ＝ □mL
④	1 L 1 dL ＝ □dL	2 m60cm ＝ □cm	4 dL ＝ □mL
⑤	2 L 1 dL ＝ □dL	1 m 9 cm ＝ □cm	1000mL ＝ □ L
⑥	26dL ＝ □ L □dL	2 m 8 cm ＝ □cm	3000mL ＝ □ L
⑦	17dL ＝ □ L □dL	180cm ＝ □ m □cm	200mL ＝ □dL
⑧	39dL ＝ □ L □dL	247cm ＝ □ m □cm	400mL ＝ □dL

※１分間《ぶんかん》にどこまで言《い》えるかな？　目ひょうは１分で24問《もん》

26 たんいの言《い》いかえ　cm　m　L　dL　mL

年《ねん》　組《くみ》　番《ばん》　名前《なまえ》

こたえ

	○	●	◎
①	1 L ＝ □dL 10dL	2 m ＝ □cm 200cm	1 L ＝ □mL 1000mL
②	3 L ＝ □dL 30dL	1 m ＝ □cm 100cm	3 L ＝ □mL 3000mL
③	1 L 5 dL ＝ □dL 15dL	1 m31cm ＝ □cm 131cm	6 dL ＝ □mL 600mL
④	1 L 1 dL ＝ □dL 11dL	2 m60cm ＝ □cm 260cm	4 dL ＝ □mL 400mL
⑤	2 L 1 dL ＝ □dL 21dL	1 m 9 cm ＝ □cm 109cm	1000mL ＝ □L 1 L
⑥	26dL ＝ □L□dL 2 L 6 dL	2 m 8 cm ＝ □cm 208cm	3000mL ＝ □L 3 L
⑦	17dL ＝ □L□dL 1 L 7 dL	180cm ＝ □m□cm 1 m80cm	200mL ＝ □dL 2 dL
⑧	39dL ＝ □L□dL 3 L 9 dL	247cm ＝ □m□cm 2 m47cm	400mL ＝ □dL 4 dL

きろくひょう

月／日	何《なん》　こ	月／日	何　こ
／		／	
／		／	
／		／	
／		／	
／		／	
／		／	
／		／	
／		／	
／		／	
／		／	
／		／	
／		／	
／		／	
／		／	
／		／	
／		／	

いくつできたか　きろくしましょう。

年《ねん》　組《くみ》　番《ばん》　名前《なまえ》

27 計算《けいさん》のじゅんじょのくふう

くふうして計算をしましょう。とちゅうのしきを言《い》いましょう。

	○	◎	❁
①	9＋4＋6	11＋6＋9	54＋18＋2
②	18＋7＋3	16＋2＋4	27＋5＋15
③	5＋7＋3	8＋5＋12	36＋7＋13
④	8＋9＋2	16＋8＋4	18＋9＋2
⑤	17＋5＋3	2＋9＋8	49＋4＋6
⑥	18＋9＋1	15＋3＋5	67＋6＋4
⑦	13＋9＋7	14＋7＋3	7＋8＋13
⑧	11＋7＋9	34＋9＋1	9＋37＋1
⑨	17＋6＋4	18＋17＋2	45＋8＋12
⑩	16＋8＋2	34＋8＋6	27＋19＋3

※1分間《ぶんかん》にどこまで言《い》えるかな？　目ひょうは1分で30問《もん》

27 計算《けいさん》のじゅんじょのくふう

年《ねん》　組《くみ》　番《ばん》　名前《なまえ》

きろくひょう

月／日	何《なん》　こ	月／日	何　こ	月／日	何　こ	月／日	何　こ
／		／		／		／	
／		／		／		／	
／		／		／		／	
／		／		／		／	
／		／		／		／	
／		／		／		／	

いくつできたか　きろくしましょう。

こたえ

	○	◎	❀
①	9＋4＋6 ＝ 9＋10	11＋6＋9 ＝ 20＋6	54＋18＋2 ＝ 54＋20
②	18＋7＋3 ＝ 18＋10	16＋2＋4 ＝ 20＋2	27＋5＋15 ＝ 27＋20
③	5＋7＋3 ＝ 5＋10	8＋5＋12 ＝ 20＋5	36＋7＋13 ＝ 36＋20
④	8＋9＋2 ＝ 10＋9	16＋8＋4 ＝ 20＋8	18＋9＋2 ＝ 20＋9
⑤	17＋5＋3 ＝ 20＋5	2＋9＋8 ＝ 10＋9	49＋4＋6 ＝ 49＋10
⑥	18＋9＋1 ＝ 18＋10	15＋3＋5 ＝ 20＋3	67＋6＋4 ＝ 67＋10
⑦	13＋9＋7 ＝ 20＋9	14＋7＋3 ＝ 14＋10	7＋8＋13 ＝ 20＋8
⑧	11＋7＋9 ＝ 20＋7	34＋9＋1 ＝ 34＋10	9＋37＋1 ＝ 10＋37
⑨	17＋6＋4 ＝ 17＋10	18＋17＋2 ＝ 20＋17	45＋8＋12 ＝ 45＋20
⑩	16＋8＋2 ＝ 16＋10	34＋8＋6 ＝ 40＋8	27＋19＋3 ＝ 30＋19

年《ねん》　組《くみ》　番《ばん》　名前《なまえ》

28 10000までの数《かず》と　どちらが大きいですか

3回《かい》やったら４回目は◎からはじめます。

	○	●	文も読《よ》みます。　◎
①	3078　と　4590	3209　と　3169	10000は1000を（　　　）こあつめた数です。
②	5060　と　5110	999　と　1011	10000は100を（　　　）こあつめた数です。
③	8070　と　7080	6780　と　6709	10000より　１小さい数は
④	5879　と　5789	2010　と　1900	10000より　100小さい数は
⑤	3506　と　3512	7891　と　8719	10000より　1000小さい数は
⑥	5102　と　3599	1116　と　1611	9990より　１大きい数は
⑦	666　と　1001	8654　と　8645	5000より　10大きい数は
⑧	8912　と　891	7809　と　7910	9990より　10大きい数は

※１分間《ぶんかん》にどこまで言《い》えるかな？　目ひょうは１分で24問《もん》

28 10000までの数《かず》と　どちらが大きいですか

年《ねん》　組《くみ》　番《ばん》　名前《なまえ》

こたえ

	○	●	◎
①	3078　と　4590 4590	3209　と　3169 3209	10000は1000を（　）こあつめた数です。 10こ
②	5060　と　5110 5110	999　と　1011 1011	10000は100を（　）こあつめた数です。 100こ
③	8070　と　7080 8070	6780　と　6709 6780	10000より　1小さい数は 9999
④	5879　と　5789 5879	2010　と　1900 2010	10000より　100小さい数は 9900
⑤	3506　と　3512 3512	7891　と　8719 8719	10000より　1000小さい数は 9000
⑥	5102　と　3599 5102	1116　と　1611 1611	9990より　1大きい数は 9991
⑦	666　と　1001 1001	8654　と　8645 8654	5000より　10大きい数は 5010
⑧	8912　と　891 8912	7809　と　7910 7910	9990より　10大きい数は 10000

きろくひょう

月／日	何《なん》　こ	月／日	何　こ
／		／	
／		／	
／		／	
／		／	
／		／	
／		／	
／		／	
／		／	
／		／	
／		／	
／		／	
／		／	
／		／	
／		／	
／		／	
／		／	

いくつできたか　きろくしましょう。

年《ねん》　組《くみ》　番《ばん》　名前《なまえ》

29 10000までの数《かず》の直線《ちょくせん》

番《ばん》ごうと↑のところの数を言《い》いましょう。

ア　①はじめに，大きい目もりの数字《すうじ》を0から言いましょう。

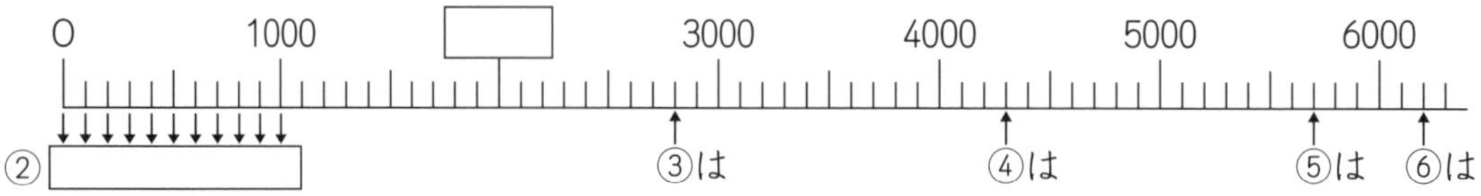

イ　⑦はじめに，大きい目もりの数字を3000から言いましょう。

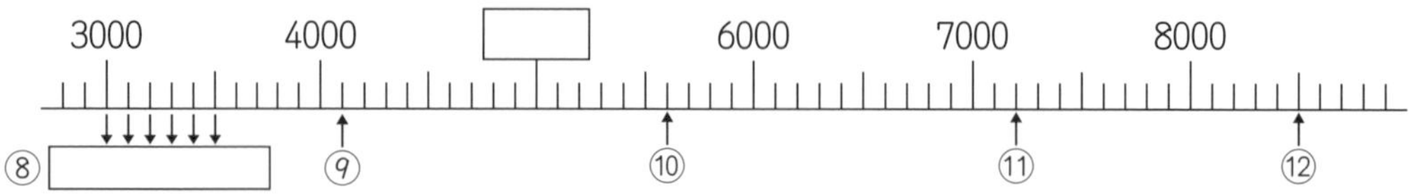

ウ　⑬はじめに，大きい目もりの数字を1000から言いましょう。

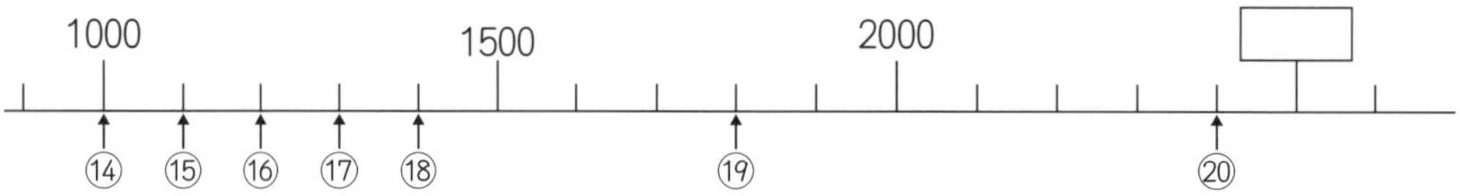

エ

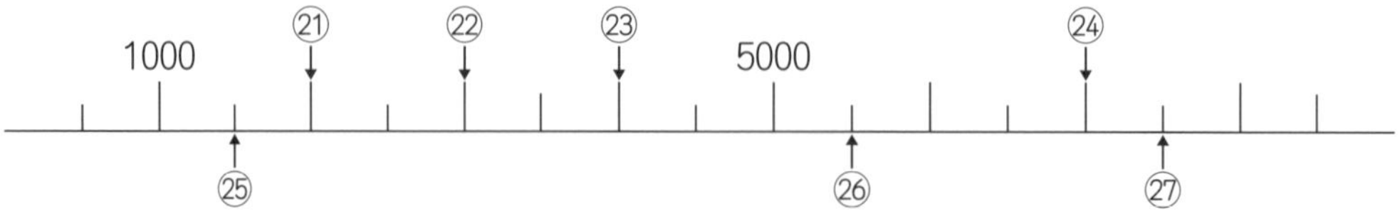

オ

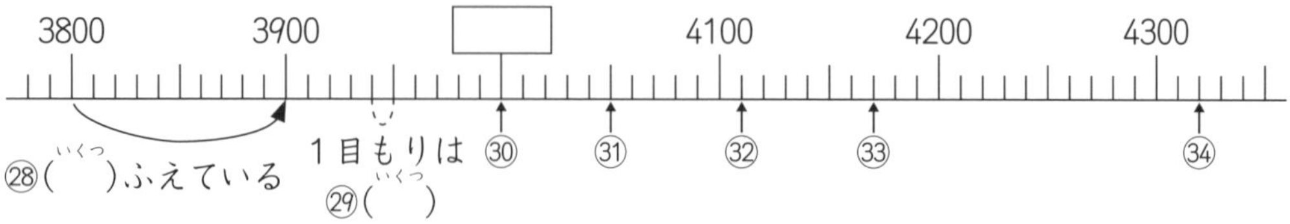

29 10000までの数《かず》の直線《ちょくせん》

年《ねん》　組《くみ》　番《ばん》　名前《なまえ》

きろくひょう

月／日	何《なん》　こ	月／日	何　こ	月／日	何　こ	月／日	何　こ
／		／		／		／	
／		／		／		／	
／		／		／		／	
／		／		／		／	
／		／		／		／	
／		／		／		／	

いくつできたか　きろくしましょう。

こたえ

ア　はじめに，大きい目もりの数字《すうじ》を0から言いましょう。　①0　1000　2000　3000　4000　5000　6000

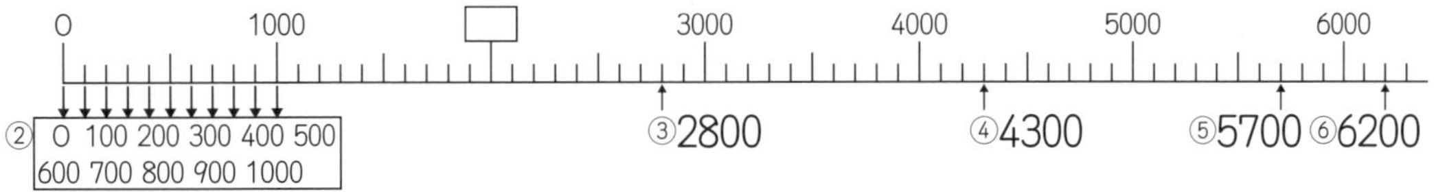

イ　はじめに，大きい目もりの数字を3000から言いましょう。　⑦3000　4000　5000　6000　7000　8000

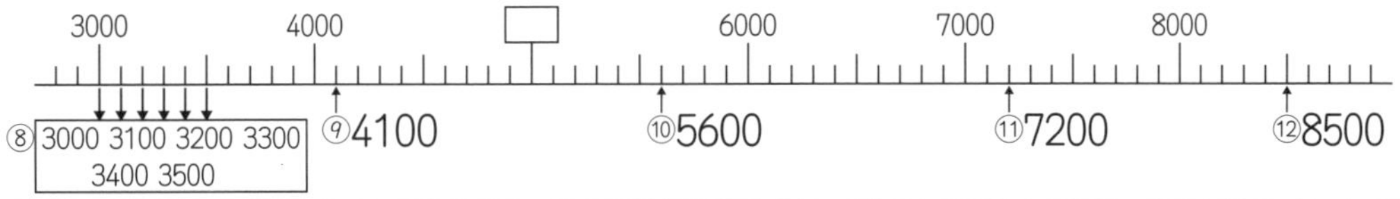

ウ　はじめに，大きい目もりの数字を1000から言いましょう。　⑬1000　1500　2000　2500

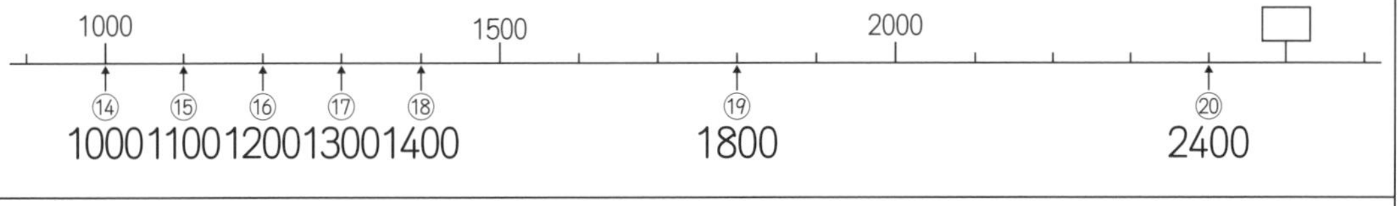

エ

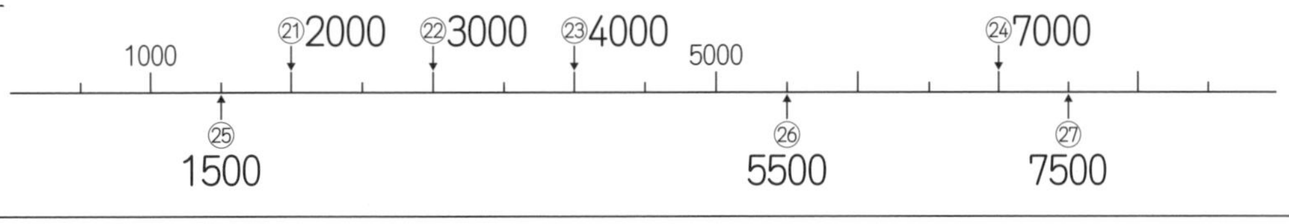

オ

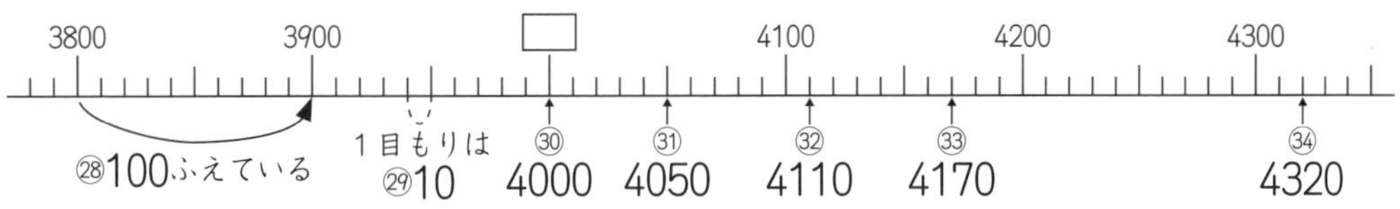

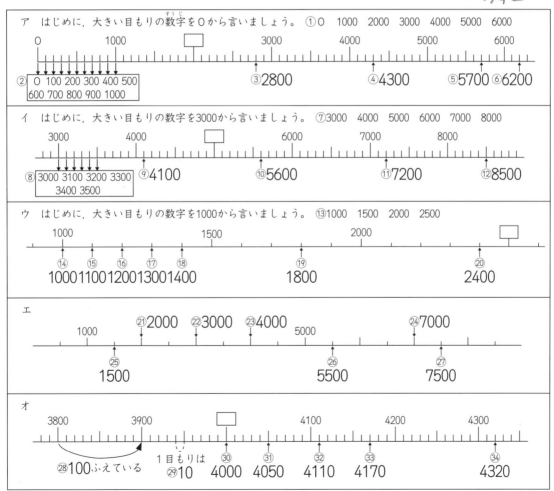

年《ねん》　組《くみ》　番《ばん》　名前《なまえ》

30 分数《ぶんすう》　色《いろ》のついたところを　分数で言《い》いましょう

	○	●	□	◎
①		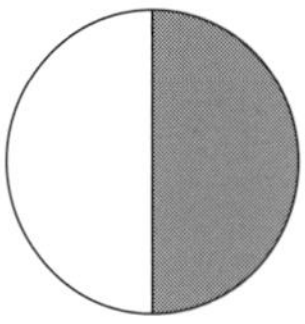	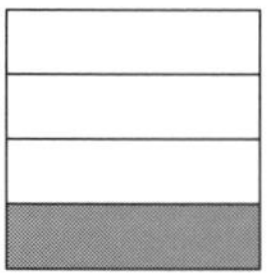	
②	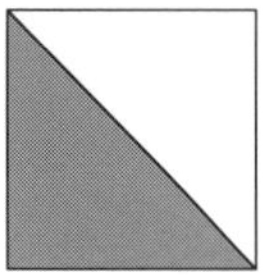	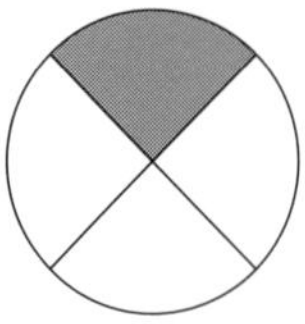		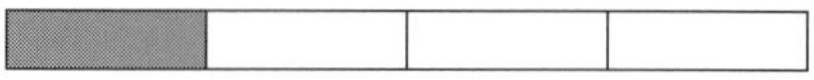
③	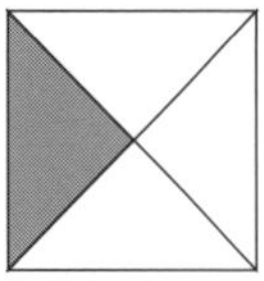	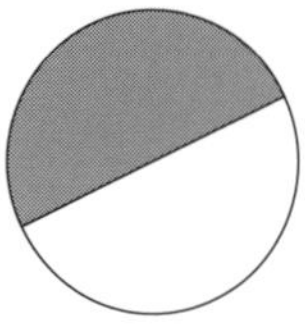	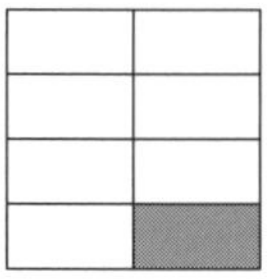	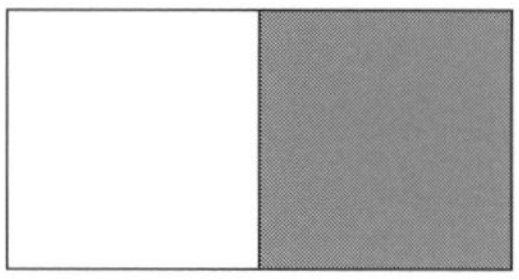
④	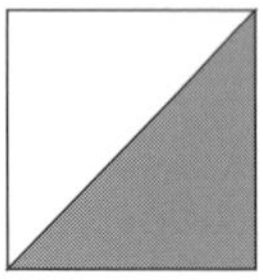	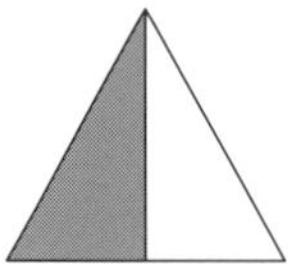	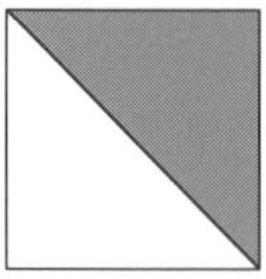	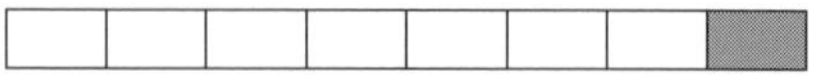
⑤	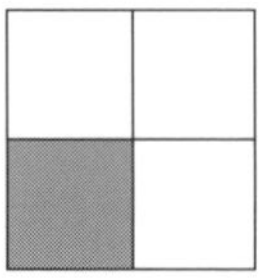	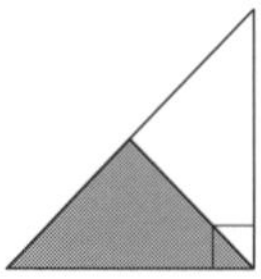	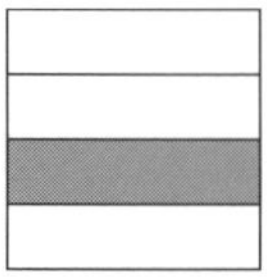	

30 分数《ぶんすう》 色《いろ》のついたところを 分数で言《い》いましょう

年《ねん》 組《くみ》 番《ばん》 名前《なまえ》

きろくひょう

月／日	何《なん》 こ	月／日	何 こ	月／日	何 こ	月／日	何 こ
／		／		／		／	
／		／		／		／	
／		／		／		／	
／		／		／		／	
／		／		／		／	
／		／		／		／	

いくつできたか　きろくしましょう。

こたえ

	○	●	□	◎
①	 $\frac{1}{2}$	 $\frac{1}{2}$	 $\frac{1}{4}$	 $\frac{1}{2}$
②	 $\frac{1}{2}$	 $\frac{1}{4}$	 $\frac{1}{2}$	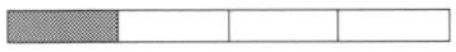 $\frac{1}{4}$
③	 $\frac{1}{4}$	 $\frac{1}{2}$	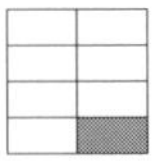 $\frac{1}{8}$	 $\frac{1}{2}$
④	 $\frac{1}{2}$	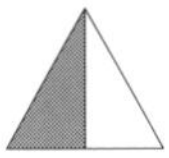 $\frac{1}{2}$	 $\frac{1}{2}$	 $\frac{1}{8}$
⑤	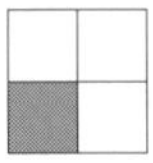 $\frac{1}{4}$	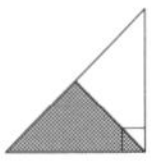 $\frac{1}{2}$	 $\frac{1}{4}$	 $\frac{1}{4}$

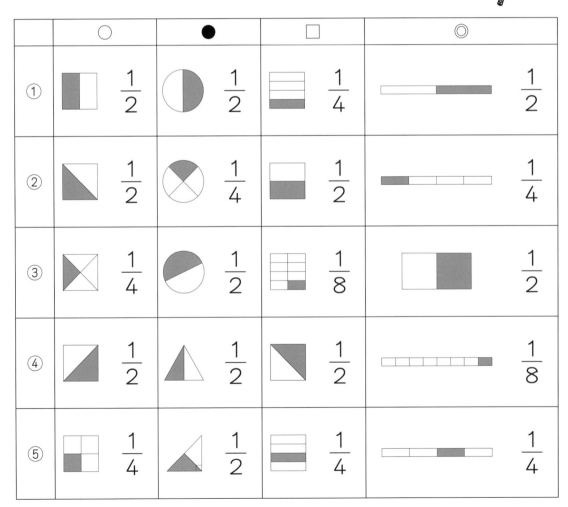

年《ねん》　組《くみ》　番《ばん》　名前《なまえ》

31 □にあてはまる数《かず》を　もとめるためのしきを　言《い》いましょう

	○	●
①	はじめにのった人□人 あとでのった人７人 ぜんぶの人数《にんずう》21人	切《き》った花□本 のこりが47本になった 花が86本さいていた
②	もっていた数42こ あとでひろった数□こ ぜんぶの数60こ	おりた人９人 バスにのこった人17人 のっていた人数□人
③	はじめにもっていた数20まい もらった数14まい ぜんぶの数□まい	つかったお金□円 のこり35円 おこづかいが100円
④	はじめにあそんでいた人□人 あとからきた人９人 ぜんぶの数24人	のこった車27台《だい》 出ていった車□台 はじめにとまっていた車61台

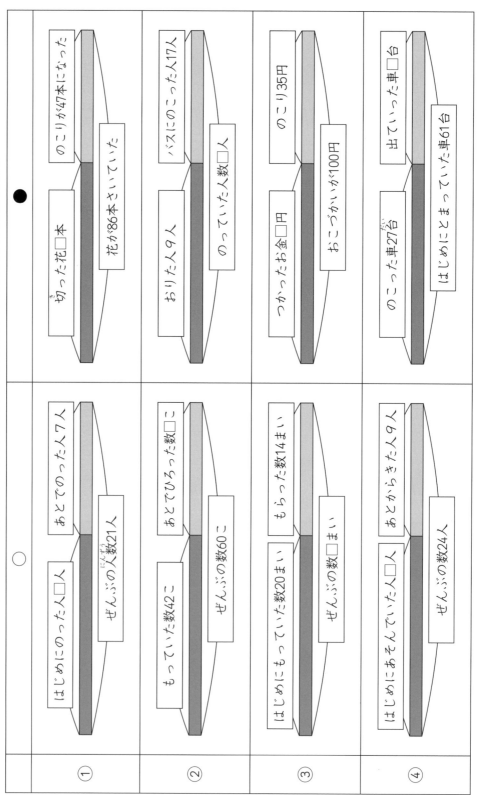

31 □にあてはまる数《かず》を　もとめるためのしきを　言《い》いましょう

年《ねん》　組《くみ》　番《ばん》　名前《なまえ》

こたえ

	○	●
①	はじめにのった人□人　あとでのった人７人 ぜんぶの人数《にんずう》21人 21－７　（14人）	切《き》った花□本　のこりが47本になった 花が86本さいていた 86－47　（39本）
②	もっていた数42こ　あとでひろった数□こ ぜんぶの数60こ 60－42　（18こ）	おりた人９人　バスにのこった人17人 のっていた人数□人 ９＋17　（26人）
③	はじめにもっていた数20まい　もらった数14まい ぜんぶの数□まい 20＋14　（34まい）	つかったお金□円　のこり35円 おこづかいが100円 100－35　（65円）
④	はじめにあそんでいた人□人　あとからきた人９人 ぜんぶの数24人 24－９　（15人）	のこった車27台《だい》　出ていった車□台 はじめにとまっていた車61台 61－27　（34台）

きろくひょう

月／日	何《なん》　こ	月／日	何　こ
／		／	
／		／	
／		／	
／		／	
／		／	
／		／	
／		／	
／		／	
／		／	
／		／	
／		／	
／		／	
／		／	
／		／	
／		／	
／		／	

いくつできたか　きろくしましょう。

【編著者紹介】

志水　廣（しみず　ひろし）

愛知教育大学名誉教授。1952年，神戸市生まれ，大阪教育大学卒業。神戸市の公立小学校に勤務後，兵庫教育大学大学院修了（数学教育専攻）。筑波大学附属小学校教諭，愛知教育大学数学教育講座教授，同大学大学院教育実践研究科教授。各地の小学校で示範授業や指導講演をして活動中。授業力アップわくわくクラブ代表，志水塾代表。

著書に，『「愛」で育てる算数数学の授業』，『算数授業のユニバーサルデザイン』，『２つの「しかけ」でうまくいく！算数授業のアクティブ・ラーニング』など100冊を超える。

「志水　廣」URL　http://www.schoolweb.ne.jp/weblog/index.php?id=2370003

【著者紹介】

篠崎　富美子（しのざき　ふみこ）

元長野県公立小学校教諭

算数力がみるみるアップ！

パワーアップ読み上げ計算ワークシート　１・２年

2017年11月初版第１刷刊　©編著者　志　水　　廣

2025年７月初版第８刷刊　著　者　篠　崎　富　美　子

発行者　藤　原　光　政

発行所　明治図書出版株式会社

http://www.meijitosho.co.jp

（企画）木山麻衣子（校正）㈱東図企画

〒114-0023　東京都北区滝野川7-46-1

振替00160-5-151318　電話03（5907）6702

ご注文窓口　電話03（5907）6668

＊検印省略　組版所　藤　原　印　刷　株　式　会　社

Printed in Japan　ISBN978-4-18-178821-6